U0511131

书刊辅文编排规范与案例

傅祚华 著

商务印书馆
The Commercial Press
创于1897

© 傅祚华，2024

权利保留，侵权必究。

图书在版编目（CIP）数据

书刊辅文编排规范与案例 / 傅祚华著. — 北京：商
务印书馆，2024
ISBN 978-7-100-22983-8

Ⅰ. ①书…　Ⅱ. ①傅…　Ⅲ. ①编辑工作—规范②
编辑工作—案例　Ⅳ. ① G232.2

中国国家版本馆 CIP 数据核字（2023）第 175936 号

书刊辅文编排规范与案例
傅祚华　著

责任编辑　俞必睿　　封面设计　熊　熊
版式设计　高　珊　　责任校对　付旭阳

商 务 印 书 馆 出 版
（北京王府井大街36号　邮政编码100710）
商 务 印 书 馆 发 行
北 京 冠 中 印 刷 厂 印 刷
ISBN 978-7-100-22983-8

2024 年 2 月第 1 版　　开本 710×1000　1/16
2024 年 2 月北京第 1 次印刷　印张 17

定价：80.00 元

序　言

张小平

　　傅祚华先生的新著《书刊辅文编排规范与案例》即将付梓，我作为他的同行老友颇为喜兴。他嘱我为此书作篇弁文，我欣然从命。

　　我与傅祚华先生熟识缘由中国出版协会编校工作委员会的培训班。2009年底，我从人民出版社退休后，去新闻出版总署参加筹建国家出版基金管理工作，其间就听闻中国大百科全书出版社的傅祚华先生是位很有才识的老编辑。此后，忝为编校委副主任的我被分工负责培训工作。编校委在讨论培训课程设置时，针对出版界尚普遍存在的不重视书刊辅文的现象，决定增设"书刊辅文"这一培训课目。在授课老师选择上，大家想到了傅先生。傅先生自2001年起，作为主要起草人之一先后参与《图书书名页》《图书在版编目数据》《中国标准书号》等国家标准的修订，并参与《出版术语》《图书、报纸、期刊、音像电子出版物出版和发行统计》《学术出版规范　科学技术名词》《学术出版规范　插图》等多项新闻出版行业标准的制定工作，故傅先生是讲授"辅文"课的极佳人选。傅先生从2011年开始，就一直被邀请前来授课。他在编校委培训班中的讲课内容，裨益四五千名来自全国各地出版社的编校人员，得到学员广泛好评和点赞。不少学员希望傅先生的课件能集册成书，便于更多的编校人员在实际工作中学习参照。而今，这个期盼即可如愿以偿。

　　书刊辅文是书刊的重要组成部分，它与正文相辅相成，辅佐正文的内容表述，帮助读者加深对作品正文的理解。辅文相对于正文来说文字不多，可要素不少。少了哪个要素都会使一本图书或刊物变得残缺不齐。这好比一件原本质地上品的嫁衣，因钉错了纽扣或锁错了扣眼，便使其整体失去了美感。同样，正文品质再好的书刊，如辅文出了漏洞，也算不上是好的产品。在各类书刊评奖活动中，因辅文拖累而使本来内容上乘的书刊无缘参评或名落孙山的例子屡见不鲜。譬如书名页上书名的汉语拼音不准确，版本记录页中数据缺失，目录排列失范，正文注释指向出错，索引排次颠倒，参考文献罗列无序等。辅文中出现的这些纰漏，正说明还有不少编校人员包括少数出版机构的领导，对辅文的"保证图书的完整性，强化图书的功能，指导购买与阅读，利于检索查考"等重要功能不甚认识和重视，或是对辅文的编辑制作尚缺乏基本常识和技能。而傅先生的这本专著，正好为这部分同志补上"辅文"这一课提供了很好的学习文本和实际操作指南。

《书刊辅文编排规范与案例》是傅先生在编校委培训班讲义基础上精心整理、拓展而成的。他充分利用在近10年间的讲课机会，不断搜集培训班学员在日常工作中遇到的各种问题，认真听取学员对他讲课的反馈意见，密切关注已出版的各类书刊在辅文方面出现的新问题，随时充实和更新授课内容。这样就为这本新书的撰就打下了厚实的基础，还使其显现出"接地气"的特点。此书不仅系统梳理了图书和期刊各种辅文的概念，深入解说了有关国家标准、行业标准和行业惯例，仔细评析了真实辅文案例，而且对一些当前业界做法各异的辅文事项提出了规范的意见。可谓指导性和实用性并重，对编辑校对人员和出版专业学生来说是一本有工具意义的参考书。

傅先生和我年龄相近，均已步入古稀之年。我们都于1982年10月跨进出版界，他入职中国大百科全书出版社，我则入职人民出版社，我俩几十年从事的都是编辑出版工作。傅先生退休后笔耕不辍，先后独著或主编了《图书书名页标准解说》《写作标准知识问答》《编辑常用标准规范解说》《百科全书编辑丛稿》等图书。他是《中国大百科全书》第三版工作咨询顾问，正在参与《中国大百科全书》第三版的编纂工作。他还为出版专业技术人员职业资格考试工作常年奔忙。之所以傅先生到了"夕阳红"年华，仍在孜孜矻矻、不辞劬劳地干着"传道授业解惑"之事，我想，完全是出于一位老编辑对出版事业的挚爱和难舍的情怀。是谓精神力量也。

傅先生及我这一代出版人，已完成或即将完成自己的历史使命。我们寄希望于年轻侪辈。"雏凤清于老凤声"，深信年轻同仁定会揄扬老一代出版人的好传统，守正创新，奋发图进，唱出新时代繁荣中国出版的清亮动听之歌！

是为序。

2020 年 7 月 30 日

写于民旺陋室

目　录

概述篇

1　书刊辅文概述

1.1　辅文的概念

书刊的辅文是相对于正文而言的。

图书正文之外的文字，诸如封面文字、书名页文字、内容简介、作者简介、出版说明、书前题词、序、凡例、目录、书眉、编者按、注释、参考文献、附录、索引、大事年表、跋、出版后记等都是辅文。

期刊的辅文主要是封面文字、版权标志文字和目次表文字。

辅文的"辅助"意义是相对的。辅文实际也是书刊不可缺少的一部分。没有辅文，就不能构成一本完整的书刊。从某种意义上讲，辅文甚至是书刊的脸面，影响着书刊的品相。辅文的重要性并不亚于正文。

1.2　古代图书的辅文

可以说，自古至今，有图书便有辅文。

1.2.1　简策时代

有人认为我国最早的图书始于夏代。理由一是夏代已有文字。"原始汉字可能开始出现于公元前第三千年中期。到公元前第三千年末期，随着夏王朝的建立，我国正式进入阶级社会。统治阶级为了有效地进行统治，必然迫切需要比较完善的文字，因此原始文字改进的速度一定大大加快。夏王朝有完整的世系流传下来这件事，就是原始文字有了巨大改进的反映"。①殷商甲骨文则数量庞大（逾五千），形声字多于象形字，说明已非文字之始。理由二是夏代已有史官。理由三是文献多有记载。《尚书·多士》云："惟殷先人，有册有典，殷革夏命。"由此判断"夏代文献的载体当为简策，夏代文献的装订形式当为卷轴装"。②不过，据当代学者研究，今本《尚书》里的《虞书》《夏书》都出自后人之手，实际成书年代在春秋战国甚至更后。现代考古也没有发现虞夏时代的文字实物，目前已经发现的文字资料几乎都是商代后期即殷墟所出土的商王武丁（约公元前 13 世纪）时及以后的甲骨文以及与之大致同时代的青铜器铭文。③

有人认为，在商代，人们将文字刻在龟甲兽骨上，为了便于保存，将内容相关的几片甲骨打孔并用绳串联起来，成为最早的"书籍"。这种"书籍"已有装订之意。也有人认为这只能算作"书籍"装订的雏形。当然，主要用于占卜的甲骨文字、铸造于青铜器的金文，以及玉石文书，都还难以说是正规的图书。

"所谓正规书籍，系指那些以传播知识、介绍经验、阐述思想、宣传观点等为目的，经过编制或创作，用文字书写、刻印在一定形式材料上的著作。用这样一个尺度来衡量我国正规书籍的产生，大约应该在我国历史上殷商晚期和西周时期。"④

人们一般认可汉代许慎的说法："著于竹帛谓之书。"⑤将竹木削成狭长的薄片，可用毛笔在上面写字，成为"竹简"或"木简"，统称为"简"。简的

---

① 裘锡圭.文字学概要·汉字的形成和发展 [M].北京：商务印书馆，2021：46.
② 曹之.中国古籍编撰史 [M].武汉：武汉大学出版社，2015：11.
③ 陈力.中国古代图书史——以图书为中心的中国古代文化史 [M].北京：社会科学文献出版社，2017：5.
④ 李致忠.中国古代书籍史 [M].北京：文物出版社，1985：20－32.
⑤ 许慎.说文解字·叙 [M].上海：上海古籍出版社，2007：753.

长度已有规范。重要的，"写以二尺四寸简"，[①] 普通的则有"诸子尺书"。[②] 亦有二尺四寸、一尺二寸、八寸等多种规格的说法。写了字的简用绳子编连起来，成为"策"（册），或称"简策"，即图书了。也可先编连，后写字。简策的前两片简正面不写字，叫"赘简"。对于以篇单行的策，第一片简背面写上篇次，第二片简背面写上篇名。如此，由左向右卷起来后，所写的篇名篇次露在外面，由右向左顺读，即成为"某某篇第几"。[③] 这实际成为图书封面的起源。

我国第一部诗歌集，收录从西周初年到春秋中叶的诗歌 305 首的《诗经》，已有序的出现（参见本书"10 序"）。

被尊为"编辑之祖"的孔子在辅文方面做了不少工作。相传孔子曾修《诗》《书》，订《礼》《乐》，序《周易》，作《春秋》。《史记·孔子世家》云："孔子晚而喜《易》，序《彖》《系》《象》《说卦》《文言》。"

有研究认为，先秦已经出现图书编撰的凡例，汉代出现卷端题名和单书目录，注解作为一种著作方式最早盛行于汉代。[④]

西汉司马迁著《史记》，撰有《太史公自序》。《太史公自序》历述了太史公世谱家学之本末，从重黎氏到司马氏的千余年家世，其父司马谈重老庄之学术思想，司马迁本人成长经历及作《史记》的原由旨趣，还对《史记》各篇内容做了非常简要的介绍。《太史公自序》成为序作名篇。

西汉刘向著有我国古代第一部图书分类目录《七略》。

1.2.2　印刷时代

西汉时出现纸。但东汉蔡伦之前"纸"还没有普遍用于书写，多用于包装、引火，或卫生用途。直至蔡伦对造纸的材料来源和技术工艺进行改进

---

① 范晔.曹褒传 // 后汉书：卷 35 [M]. 北京：中华书局，2000：808.

② 王充.论衡·书解篇 // 文渊阁《四库全书》本 [M].

③ 潘美月.中国图书三千年 [M]. 北京：中信出版社，2016：8.

④ 曹之.中国古籍编撰史 [M]. 武汉：武汉大学出版社，2015：66.

之后，纸作为一种书写材料才逐渐被人们接受。①魏晋以后，造纸技术进步很快。西晋左思作《三都赋》，文思精巧，辞藻华丽，"于是豪贵之家竞相传写，洛阳为之纸贵"。可见当时纸已成为普及而相对廉价的书写材料。"纸作为书写材料，使得图书的抄写和传播更加容易，成本更加低廉，对于推动图书事业的发展有着巨大的作用。特别需要指出的是，纸作为雕版图书最主要的承载物，它是雕版印刷术产生和普及的前提。"②

唐朝时候，诗人白居易把自己写的诗编成了一部诗集——《白氏长庆集》，白居易的朋友元稹给《白氏长庆集》写了一篇序文，序文中说：当时，扬州与越州一带，有人把白居易的诗"缮写模勒"，在街上贩卖，或换作茶酒。

明代学者胡应麟说："雕本肇自隋时，行于唐世，扩于五代，精于宋人。"③

印本书籍，封面、版权页也完备起来。可以说，印刷时代是辅文逐步丰富和齐备的时代。

1.2.3　数字出版时代

随着数字出版的酝酿和发展，包括传统出版的数字化和新媒体出版的勃兴，文化交流急剧扩展，标准化的需求日益凸显。随着社会经济活动标准化大潮的兴起，作为出版标准化的重要部分，书刊辅文标准化也驶上了快车道。有关辅文的国家标准规范文件和国际标准陆续出台。例如，1956 年 2月，文化部出版局颁发《全国图书统一编号方案》（简称"全国统一书号"）。1958 年，国家技术委员会发布第 1 号国家标准 GB 1《标准幅面与格式、首页、续页与封面的要求》，是中国标准化历史上具有非凡意义的一举。国际标准化组织 1972 年提出《图书书名页》推荐标准。

---

① 李明杰 . 简明古籍整理教程 [M]. 武汉：武汉大学出版社，2018：11.
② 陈力 . 中国古代图书史——以图书为中心的中国古代文化史 [M]. 北京：社会科学文献出版社，2017：97.
③ 胡应麟 . 少室山房笔丛・笔丛甲部・经籍会通四 . 明刻本 [M]：12.

　　中国从 1979 年开始组建全国专业标准化技术委员会。1979 年 11 月成立全国文献工作标准化技术委员会，1997 年更名为全国信息与文献标准化技术委员会，下属有出版物格式分技术委员会。2012 年成立全国新闻出版标准化技术委员会。目前已完成了标准化工作机构的全面布局，拥有覆盖全行业的新闻出版、印刷、发行、信息化、版权 5 个国家级标准化技术委员会，委员总人数超过 400 名，ISO 注册专家 30 名；各类研究机构、实验室、实施机构十余个；制定并发布了新闻出版国家标准、行业标准、行业标准化技术性指导文件，以及工程标准超过 400 项。其中就包含一系列涉及书刊辅文的标准。

　　从某种意义上可以说，数字出版时代也是书刊辅文标准化的时代。

1.3　辅文的种类

　　对于图书，按照功能，辅文大致可分为识别性辅文、介绍性辅文、说明性辅文、检索性辅文和参考性辅文五类；按照编排位置，也可分为图书前辅文、图书中辅文和图书后辅文三类。对于期刊辅文，也可做类似的划分。

　　（1）识别性辅文

　　识别性辅文主要包括封面文字、书名页文字，具体内容有书名、作者名、出版者名、版权说明、图书在版编目数据、版本记录等。

　　（2）介绍性辅文

　　介绍性辅文主要包括内容简介、作者简介和封面宣传语等。

　　（3）说明性辅文

　　说明性辅文主要包括出版说明、序、凡例、跋、出版后记等。

　　（4）检索性辅文

　　检索性辅文主要有目录（目次表）、书眉、索引（检字表）、引文出处说明等。

　　（5）参考性辅文

　　参考性辅文主要包括注释、参考文献、译名对照表、符号表、大事年表、各种附录等。

显然，这五类的划分并不是绝对的。一些辅文实际具有两种甚至多种功能。

按编排位置，分为三类，很直观。其中图书中辅文特殊一点：种类较少，只有书眉、编者按和注释三种。其中编者按有时被视为正文的一部分，而注释常会排在正文之后，也被视为后辅文。所以人们谈图书辅文往往主要谈图书前辅文和图书后辅文两类。

1.4　辅文的作用

（1）保证书刊的完整性

一本图书或期刊缺少必要的辅文，就会显得残缺，不是一本合乎标准的正式图书或期刊。国家标准就规定了图书书名页及其文字内容的设置，规定了期刊目次表的设置。

（2）强化书刊的功能

有些辅文可以起到强化书刊功能的作用。例如，一部阐述历史事件或者历史人物的专著，如果配备大事年表，将会使历史脉络更清晰。又如，一本学术专著，如果注释到位，参考文献齐全完整，它的读者当然会更信服。

（3）有利于检索的准确快捷

目录、索引等辅文可以帮助读者迅速找到查阅项目所在的位置。这些辅文编制得科学、严谨，读者查阅起来就能准确、快捷。

（4）引导购买和阅读

读者在接触图书时，除了面封的书名以外，最先看到的总是封面宣传语、内容提要、作者简介、出版说明、序、目录、跋、出版后记等辅文。对于书，读还是不读，买还是不买，这些辅文起着相当大的作用。

1.5 编辑的辅文工作

在编辑实务之中，书刊辅文工作涉及各种辅文的撰写、编辑、设计、编排等诸多方面的事务。其中，通常由编辑撰写的主要有内容提要、凡例、作者简介、出版后记等。

对于编辑人员来说，辅文工作具有突出的重要性。对于正文，我们知道有个作者文责自负的说法，编辑只承担审读和加工的责任。辅文则有些出自编辑之手。对于辅文，编辑承担的责任往往要大得多，作者的责任倒要小些。辅文工作是编辑工作中每天都要遇到的实际业务内容。可以说，对于编辑，辅文工作的重要性怎么强调都不为过。

书刊辅文工作的重要原则是规范化。了解有关标准规范十分必要。同时也毋庸讳言，书刊辅文涉及范围很广，其中不少事项目前还缺少明确的标准和规范。有些事项，尚有行业惯例可循，人们做法还大体一致；也有些事项，人们理解不同，各家做法就各有不同，暂时也难以取得一致。在这种情况下，编辑在实际工作中既要重视研习已有标准规范，也应该关注和研究实际操作中遇到的某些尚无明确标准规范的问题，以便推动相应标准规范的制定和修订。

按照原新闻出版总署领导的要求，全国新闻出版标准化技术委员会、中国新闻出版研究院 2012 年 10 月启动了学术出版规范系列标准的编制工作。其中，就包含多项有关图书辅文的标准。2015 年 1 月 29 日发布第 1 批 7 项标准，其中直接包含辅文内容的就有"图书版式""注释"等项。

编辑应该熟悉已有的有关国家标准、新闻出版行业标准和规范。见表 1-1。

表 1-1　辅文常用标准规范简表

序号	编号	名称
1	GB/T 11668—1989	图书和其它出版物的书脊规则

续表

序号	编号	名称
2	GB/T 3259—1992	中文书刊名称汉语拼音拼写法
3	GB/T 788—1999	图书和杂志开本及其幅面尺寸
4	GB/T 12450—2001	图书书名页
5	GB/T 12451—2001	图书在版编目数据
6	GB/T 5795—2006	中国标准书号
7	GB/T 7713.1—2006	学位论文编写规则
8	GB/T 7713.3—2014	科技报告编写规则
9	GB/T 7713—1987	科学技术报告、学位论文和学术论文的编写格式
10	GB/T 12906—2008	中国标准书号条码
11	GB/T 22466—2008	索引编制规则（总则）
12	GB/T 18358—2009	中小学教科书幅面尺寸及版面通用要求
13	GB/T 7714—2015	信息与文献 参考文献著录规则
14	GB/T 3468—1983	检索期刊编辑总则
15	GB/T 3179—2009	期刊编排格式
16	GB/T 13417—2009	期刊目次表
17	GB/T 9999.1—2018	中国标准连续出版物号 第1部分：CN
18	GB/T 9999.2—2018	中国标准连续出版物号 第2部分：ISSN
19	CY/T 34—2001	丛刊刊名信息的表示
20	CY/T 120—2015	学术出版规范 图书版式
21	CY/T 121—2015	学术出版规范 注释
22	国家教育委员会办公厅文件教技厅〔1998〕1号	中国高等学校自然科学学报编排规范（修订版）
23	新闻出版总署新出报刊〔2007〕376号	期刊出版形式规范

　　为了配合《出版专业技术人员职业资格考试暂行规定》和《出版专业

技术人员职业资格考试实施办法》，2002 年出版了经全国出版专业技术人员职业资格考试辅导教材审定委员会审定的辅导教材和学习用书，包括《出版专业基础知识》（分初级本和中级本）、《出版专业理论与实务》（分初级本和中级本）和《有关出版的法律法规选编》。辅导教材随后出版了 2003 年、2004 年、2007 年、2011 年、2015 年、2020 年版本（现名称分别为《出版专业基础·初级》《出版专业基础·中级》《出版专业实务·初级》《出版专业实务·中级》）。历年参加辅导教材编写、修订和审定的，有长期从事编辑出版实际工作和理论研究的专家，有在高等学校编辑出版学专业从事教学与科研的专家，也有在国家出版行政管理部门和出版单位长期从事管理工作的专家。辅导教材具有权威性，其有关辅文的内容也是编辑人员应该熟悉的。

图书前辅文篇

2 封面

人们通常使用的"封面"一词有广义与狭义之分。广义的"封面"通常包括面封（封一）、书脊、底封（封四）（见新闻出版行业标准CY/T 50—2008《出版术语》），有时也将封里（封二，面封的背面）和里底封（封三，底封的背面）纳入广义的封面；狭义的"封面"则仅指其中的面封。护封、腰封的功能和设计都与封面密切相关。除图书的封里、里底封通常不安排文字以外，其他各面一般都会安排一些文字，是辅文中具有突出重要性的部分。

2.1 面封

关于面封，没有单独的标准，但在CY/T 120—2015《学术出版规范　图书版式》中有"6.1　封一"一节。

封一的编排要求如下：

a）文字信息应简略并与书名页的信息一致；

b）通常应标明书名（含版次、卷号等书名信息）、作者及著作方式和出版单位；

c）作者名称采用全称，多作者时可仅列主要作者；

d）翻译作品应标明原文书名和中文书名，原作者译名和译者；

e）宜使用规范的汉字、民族文字以及规范的外文；

f）题签等手写体、书法体、繁体等可作为书名的文字。

这里规定的有"通常应标明书名（含版次、卷号等书名信息）、作者及著作方式和出版单位"。曾有学者认为："图书封面必须有三项内容：书名、作者名、出版社名。这三项内容缺一不可。"[①] 事情并非这样绝对化。事实上，有一些重量级图书，为了突出书名本身，面封上也常不列作者名和出版者名。我们知道，《毛泽东选集》《邓小平文选》《中国大百科全书》（第一版）等书的面封都只有书名，没有再列作者名和出版者名。这也是正常的。所以，只能说，封面"通常"有这三项内容。

由于封面设计要着眼于美术设计，因而文字处理相对灵活。

行业内有"封扉一致"的说法。对此要有正确理解。不能把这个"一致"理解成面封与扉页内容完全相同。实际上，面封文字往往比扉页少。应该理解为"可以有详略，必须无歧异"。也就是说，二者可以有繁简详略的差别，但共有的内容必须相同。

2.1.1 书名

书名是面封上必须醒目排印的文字。准确性要求是不言而喻的。现实中，偶见有错或不妥的。

面封书名为"热风与热泵干燥工艺在广式腊肉加工中的应用研究"，扉页书名为"热风和热泵干燥工艺在广式腊肉加工中的应用研究"，相差一个字，回行格式也不同（面封标题的"在"字宜下移次行）。见图 2-1。

《"新感觉电影"——娄烨电影的美学风格与形式特征》面封书名中没有引号，版本记录页 CIP 和版本记录书名中都有引号。这就不一致了。见图 2-2。

实际上，作为封面设计要素的一部分，普通图书书名的规范要求是相对宽松的。

---

① 周奇，杜维东主编. 现代书刊校对技能手册 [M]. 北京：中国标准出版社，2011：32.

图 2-1 《热风与热泵干燥工艺在广式腊肉加工中的应用研究》面封和扉页

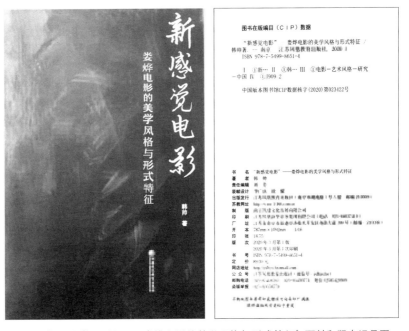

图 2-2 《"新感觉电影"——娄烨电影的美学风格与形式特征》面封和版本记录页

2.1.1.1 书名字体

依据《中华人民共和国国家通用语言文字法》有关若干情形"可以保留或使用繁体字、异体字"的精神，按照 CY/T 120—2015《学术出版规范 图书版式》"题签等手写体、书法体、繁体等可作为书名的文字"的规定，以书法作品形式出现的书名，处理比较灵活。

例如，《白话易经》面封的书名，就似乎涉及繁体简体混用，在这里则不必计较。见图 2-3。

2.1.1.2 书名设计

有些面封上，一个书名被分成几部分，分别使用不同的字体字号，这主要是为了封面设计中美术构图的需要，也并不违规。见图 2-4。

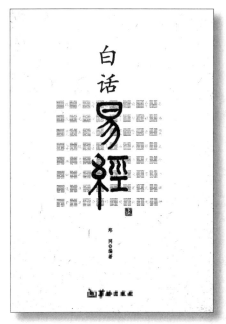

图 2-3 《白话易经》面封　　　　　　图 2-4 《这样做辅食宝宝超爱吃》面封

2.1.1.3 书名汉语拼音

GB/T 3259—1992《中文书刊名称汉语拼音拼写法》要求："国内出版的中文书刊应依照本标准的规定，在封面，或扉页，或封底，或版权页上加注汉语拼音书名、刊名。"

这里对于书名、刊名汉语拼音位置的要求比较灵活。人们自然会首先想到面封。不过，面封有时需要设置外文书名而不宜再设置汉语拼音书名、刊名，所以不便做硬性规定。标准提供了四个部位的选择。

所说"本标准的规定"，基本是汉语拼音正词法方面的规定，拼写原则是："以词为拼写单位，并适当考虑语音、词义等因素，同时考虑词形长短适度。"

图 2-5 《东风不择木 吹煦长未已》面封

《东风不择木 吹煦长未已》面封的汉语拼音书名不但未分词，连字都未分，一溜儿字母串下来了，显然不符合规范要求。见图 2-5。

2.1.2 作者名

作者名通常放在书名之下。有的也会将作者名放在书名之上。有些书名中含有作者名的，面封上往往不再单列作者名。而一些群体编纂的书，例如百科全书，为了突出书名的重要和避免作者人名过多的排印困难，面封上也常不列作者名。

作者名不应出错，这是毫无疑问的。曾经以为，市面上的书，作者名是不会错的——作者名错了还不换页，还能上市吗？然而，事实上，作者名及其责任方式说法出错的书并不罕见，有疑问的更不少见。试看下面的几个案例。

案例1 作者是谁?

既然主书名页加页作者名单说"组织领导 环境保护部",既然另有编委会、编写组,怎么在面封上就成了"环境保护部 编著"呢?见图2-6。

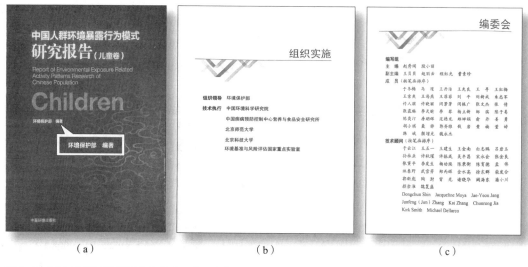

（a）　　　　　　　　　　　（b）　　　　　　　　　　　（c）

图2-6 《中国人群环境暴露行为模式研究报告》（儿童卷）面封和主书名页加页

案例2 谁的编委会?

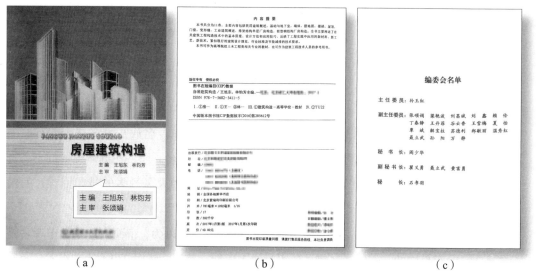

（a）　　　　　　　　　　　（b）　　　　　　　　　　　（c）

图2-7 《房屋建筑构造》面封和版本记录页及主书名页加页编委会名单

《房屋建筑构造》主书名页加页作者名单的编委会名单中没有《房屋建筑构造》的主编等人，可知此编委会并非《房屋建筑构造》的编委会。是包含《房屋建筑构造》的什么丛书的编委会吗？《房屋建筑构造》面封、扉页和版本记录页的图书在版编目数据却又都并未显示任何丛书名。这编委会是谁的，成了悬案。

也不知名单中的"秘长"又是什么。见图2-7。

案例3 "担任主编"，还是"参与编写"？

《结构优化设计方法》封面称"主编徐文涛 苗同臣 赵军"，前言却讲"本书由郑州大学徐文涛担任主编，苗同臣教授、赵军教授参与编写"。苗同臣、赵军到底是"主编"，还是"参与编写"？两种责任方式显然是不同的。见图2-8。

（a）　　　　　　　　　　　　　　　（b）

图2-8 《结构优化设计方法》面封和前言

案例4 姓名哪个对?

（a）

（b）

（c）

作者简介

周福波，中共党员，医学硕士，毕业于潍坊医学院，于北京积水潭医院进修学习，擅长四肢骨折，手足外伤的处理，在核心期刊发表文章数篇。

贾东林，男，硕士研究生，副主任医师，于济宁市兖州区人民医院从事临床工作，熟悉创伤手足外科的常见病、多发病的诊治，对于复杂损伤有独到见解，擅长足部畸形的矫形。省级以上刊物发表论文十余篇，参编论著三部，参与科研项目一项，获市级三等奖。

罗伟，42岁，副主任医师，医学硕士，山东省龙口市中医医院手足外科主任，毕业于湖北省中医药大学，现任中华医学会骨科分会足踝学组 全国青年委员，国际矫形与创伤外科学会（SICOT）中国部足踝外科学会 全国委员，山东省医师协会手足外科分会基层委员会 副主任委员，山东省医学会手足外科分会基层委员会 委员，烟台市医学会手外科分会 副主任委员，烟台市医学会显微外科分会 常务委员。擅长手足显微外科手术、足踝常见畸形矫正手术，在全国核心期刊上发表论文多篇，被评为首批龙口市突出贡献中青年专家。

（d）

图2-9 《临床骨科与康复医学》面封、扉页、版本记录页和作者简介页

《临床骨科与康复医学》封面主编姓名为"周福波　贾东林　姜宏森"，扉页、版本记录页和作者简介页则为"周福波　贾东林　罗伟"。看来，面封姓名是有错的。见图2-9。

2.1.3　出版者名

出版者是面封另一个通常会有的文字信息。一般排印在面封的下部。

2.2　腰封

腰封又称"半护封""书腰"。腰封文字与全护封文字并不一样。全护封文字与面封文字相同。而腰封文字通常只是推介图书的宣传文字。

腰封文字内容不外推荐和赞美之言，或由作者、编辑撰写，或引名人评语。

也有些图书不设腰封，类似文字置于面封、底封上，称为封面宣传语。见图2-10。

当然，推荐和赞美须有度，把握分寸，否则效果可能适得其反。

图2-10 《任正非传》面封宣称语

2.3 书脊

编排基本依据是国家标准 GB/T 11668—1989《图书和其它出版物的书脊规则》。本标准是参照采用国际标准 ISO6357：1985《书和其它出版物的书脊名称》制定的。

这个标准的名称有两个小问题。

一个问题是"书脊"和"书背"的问题。在通俗的语境中，"书脊"是连接面封、底封的部分。而在出版专业术语中，称其为"书背"，书脊指的是书背两侧的棱。另一个问题是，标准发布之初使用了"其它"，现在按规范通用"其他"，所以出版物上出现的这个标准名称往往不一致。

关于书脊的内容，GB/T 11668—1989《图书和其它出版物的书脊规则》"3.1.1 内容和设计规则"规定：

> 一般图书书脊上应设计主书名和出版者名称（或图案标志），如果版面允许，还应加上著者或译者姓名，也可加上副书名和其它内容。
>
> 系列出版物的书脊名称，应包括本册的名称和出版者名称，如果版面允许，也可加上总书名和册号。
>
> 多卷出版物的书脊名称，应包括多卷出版物的总名称、分卷号和出版者名称，但不列分卷名称。
>
> 期刊及其合订本的书脊名称，应包括期刊名称、卷号、期号和出版年份。

2.3.1 书脊文字的简略性

由于书脊位置狭小，书脊文字可以比面封文字更简略。有的只列本书书名，丛书名可以不列。位置充裕的，除出版者名则可以加列出版社标和作者名。

《教材处理答疑》书脊上列有丛书名，不列本册书名，所列"编著"人名却是本册作者，并非丛书主编，实为不妥。本册书名本应作为书脊文字的首选。见图2-11。

图2-11 《教材处理答疑》书脊和面封

2.3.2 书脊文字的竖排

因为书脊通常是狭长的，所以标准规定："书脊名称一般应采用纵排，横排也可采用。"

竖排汉字的行的次序是个问题。有人先排左行，后排右行。其实，千百年来，汉字竖写，都是先写右行，后写左行的。写对联的方式，一般人都清楚。现在有人在旅游景点见到古代楹联，先念左联，后念右联，那实际是念错了的。因为左边的是下联，右边的是上联。现代引进横排方式，先左后右，与中国古代写法不同。而竖排，只要把横写的纸顺时针转90度，字的相对位置都不必变化。横排的先念上行，后念下行，就变成了竖排的先念右行，后念左行。所以，竖排的先念右行方式与横排并不矛盾。

《行政公文与法律文书写作常识300问》面封所列的作者是谷福生为首。书脊上谷福生在左行，李斌杰在右行，成了李斌杰为首。见图2-12。

《"荷"坛悦拾》面封中，宣传语两行，明显需要先读右行；书名也是两行，先读右行却是错的。如此设计，岂不怪哉？！见图2-13。

书脊有时也遇到外文排列问题。不太厚的书，外文一般需要顺着书脊排列，就出现了由哪一头开始排的问题。当书直立时，外文由上至下念是对的。偶尔见到有需要由下往上念的，那就不合适了。

图 2-12 《行政公文与法律文书写作常识 300 问》书脊和面封　　　　图 2-13 《"荷"坛悦拾》面封

2.3.3　竖排文字的标点符号

书脊文字大多数要竖排。而近几十年人们接触竖排图书较少（一些新的点校本古籍也采用横排本了），竖排文稿使用标点符号的特殊要求容易被忽视。我们知道，竖排文稿中句号、问号、叹号、逗号、顿号、分号和冒号均置于相应文字之下偏右，破折号、省略号、连接号、间隔号和分隔号置于相应文字之下居中，上下方向排列。特别需要注意的是，引号、括号、书名号等在竖排文字中与在横排文字中书写形式是不同的。GB/T 15834—2011《标点符号用法》"5.2 竖排文稿标点符号的位置和书写形式"规定：引号改用双引号"﹁""﹂"和单引号"﹃""﹄"，括号改用"︵""︶"，标在相应文字的上下。竖排文稿中使用浪线式书名号"︴"，标在相应文字的左侧。

目前常常见到在竖排的书脊上使用横行文稿书写形式的标点符号，这显然是不符合标准要求的。

图 2-14 《"互联网 +"时代大学生思政政治教育与创新创业》书脊和面封

图 2-15 《〈国语〉〈左传〉记言研究》面封

　　《"互联网 +"时代大学生思政政治教育与创新创业》"互联网 +"在书脊中即应改用竖排引号『 』。见图 2-14。

　　《〈国语〉〈左传〉记言研究》面封中，书名竖排，使用了横排本的书名号。显然，此面封中书名号的使用不符合标准的规定。类似的情况很常见。

　　或许有人会担心，像《〈国语〉文献研究》这样，面封书名横排，书脊书名竖排，如果按照《标点符号用法》执行，分别使用横式和竖式书名号，算不算产生不一致的问题呢？笔者认为，应该不算。就像引文把双书名号变成单书名号不算不一致一样，横式和竖式书名号也是等值的。见图 2-16。

　　《皋陶文化与〈道德经〉》面封中，干脆省略了竖排书名的书名号。赞成这样做的朋友以封面设计的特殊性为理由。其实，这样做不仅是放弃书名号的标示作用，还造成了书名显示的不一致问题，是应该算错的。见图 2-17。

图 2-16 《〈国语〉文献研究》面封　　　　图 2-17 《皋陶文化与〈道德经〉》面封

2.3.4 无字书脊与边缘名称

GB/T 11668—1989《图书和其它出版物的书脊规则》规定："书脊厚度大于或等于 5mm 的图书及其它出版物，应设计书脊。"

现实中，却有书脊厚达 25mm 而不设一字的（例如《尼安德特人》，××教育出版社，2018），放到书架上，显一块空白。当然这只是个别的特例。通常不设计书脊，还是因为书脊厚度不够。

小于 5mm 的，没有规定。书太薄，书脊太窄，印不下字，当然没办法。那么这个宽度最少应该是多少呢？

我们知道，最常用的字，5 号字，一个字的字面宽度是 3.675mm。如果用 60g 书写纸，3.5 印张，32 开，4.0mm 左右的宽度，印上 5 号字足够了。实际上，笔者手头就有 3.125 印张图书印有书脊的。也见到有不到 3mm 厚的书，用 6 号字印在书脊上的。

当然，肯定有书脊确实太窄，无法印字。对此，标准规定："若出版物太薄，厚度小于5mm或其它原因不能印上书脊名称时，可在紧挨书脊边缘不大于15mm处，印刷边缘名称。其内容除出版者名称不列入外，其它的内容与书脊名称相同。边缘名称排在封四。"这是一种很适用的变通方法。在图书上架后，可以方便查检。

《精卫填海》只有2个印张。显然，书脊无法印字。在底封上靠近书脊的地方印了书名。见图2-18。

图2-18 《精卫填海》封面边缘名称

2.4 底封

底封，又称"封底""封四"。

CY/T 120—2015《学术出版规范 图书版式》"6.4 封四"规定："放置

条码、定价信息，也可放置内容简介、评价等文字和图片信息。"

评介文字，前面讲腰封文字时已经提到。

《大学之魂——民国老校长》底封载有竺可桢、梅贻琦、罗家伦三位大家关于大学的名言。见图2-19。

图2-19 《大学之魂——民国老校长》底封和面封

3   书名页

　　GB/T 12450—2001《图书书名页》确认书名页为："图书正文之前载有
完整书名信息的书页，包括主书名页和附书名页。"其中，主书名页包括扉
页和版本记录页。有时，主书名页需要在后面加页，这个主书名页加页跟
附书名页功能不同，不能混淆。

　　GB/T 12450—2001《图书书名页》是根据国际标准 ISO 1086：1991
《信息与文献——图书书名页》对 GB/T 12450—1990《图书书名页》进行修
订的。

3.1　附书名页

　　附书名页位于主书名页之前。GB/T 12450—2001《图书书名页》的
规定："附书名页列载丛书、多卷书、翻译书、多语种书、会议录等的信
息。""附书名页的信息一般列载于双数页码面，与扉页相对。""不设附书名
页时，附书名页的书名信息需列载于扉页上。"

　　《外科学实习手册》在主书名页前设附书名页，载有丛书信息（这里是
丛书名和编委会名单），符合标准的规定。见图 3-1。

　　从图书市场情况看，附书名页的应用人们还比较生疏。一些可设，甚至
该设附书名页的，却往往并未设附书名页。

　　《肥胖及代谢病外科治疗》的第三面（c），列载的是原书信息，此页应
移到扉页之前作为附书名页。见图 3-2。

图 3-1 《外科学实习手册》附书名页和扉页

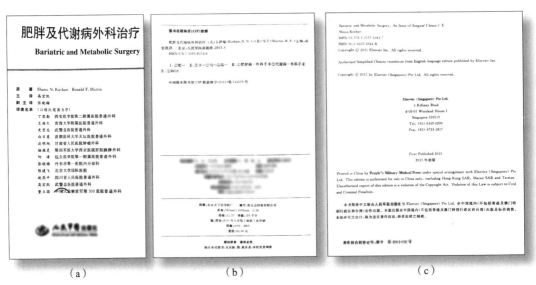

（a）　　　　　　　　　（b）　　　　　　　　　（c）

图 3-2 《肥胖及代谢病外科治疗》扉页（a）、版本记录页（b）、后加页（c）

本书作为扉页的首页正面（a）列载内容除书名"青光眼进展"及其英文名称之外都是丛书信息，应删"青光眼进展"及其英文名称作为附书名页。次页正面（c）载的才是本书书名、本书作者、出版者，应置于版本记录页（b）之前作为扉页。见图3-3。

（a） （b） （c）

图3-3 《青光眼进展》首页正面（a）、首页背面（b）、次页正面（c）

3.2 扉页

扉页文字是图书著录的重要依据，需要认真对待。

GB/T 12450—2001《图书书名页》规定，扉页"提供图书的书名、作者、出版者"。注意，此处才是三项信息必须齐备，不像面封可以只列书名。

3.2.1 书名

书名包括正书名、并列书名及其他书名信息。

所谓"其他书名信息"，据 GB/T 3792.2—2006《普通图书著录规则》，是对相关书名进行限定、解释或补充的单词、短语或字符。具体理解可参照 GB/T 7714—2015《信息与文献　参考文献著录规则》"8.2.3"的说法："其他题名信息包括副题名，说明题名文字，多卷书的分卷书名、卷次、册次，专利号，报告号，标准号等。"书名页中常见的是副书名。

再版书的版次需要标明。

需要注意的是，这个版次，是本书的版次。有些翻译图书，将翻译底本的版次标注在这里，会造成混乱，给读者带来困扰。

《心脏病学——心血管内科学教科书》扉页称"第 7 版"，版本记录页则称"第 2 版"，二者不一致。根据版本记录，本书第 2 版是对的，所谓"第 7 版"，实际应该是"译自原书第 7 版"。见图 3-4。

在阅览室浏览一下，翻译的书，标着"第五版""第十版"之类的很常见，实际上往往是中文第 1 版。为了避免可能给读者造成不必要的困扰，不妨写明"译自原书第五版""原书第十版"之类。见图 3-5。

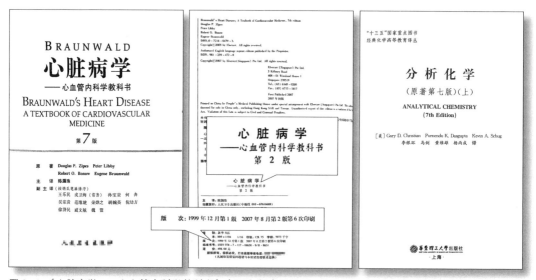

图 3-4　《心脏病学——心血管内科学教科书》扉页和版本记录页　　　图 3-5　《分析化学》扉页

3.2.2　作者名

GB/T 12450—2001《图书书名页》规定:"作者名称采用全称。翻译书应包括原作者的译名。多作者时,在扉页列载主要作者,全部作者可在主书名页后加页列载。"

3.2.2.1　作者署名方式

作者在作品署名,是作者的一种精神权利,是著作权所有的说明,也是作者对读者承担"文责"的表示。通常署名包括作者名和创作性质名。这里的"创作性质"在《普通图书著录规则》中称为责任方式——责任者对图书内容进行创造、整理的方式。传统上有撰、述、校、辑等,现在最常用的有著、编、编著、译等,也用到编译、改编、注、摄、绘等。

编著的作品有时作者较多,往往组成编委会,一般会有一位主编和若

图 3-6　《临床药物应用与疾病诊疗》面封和作者页

干副主编、编委，分工合作。

《临床药物应用与疾病诊疗》，一本书，有 12 位主编、29 位副主编、12 位编委。是不是有点儿特殊？

3.2.2.2　作者名单的排序

标准规定"多作者时，在扉页列载主要作者，全部作者可在主书名页后加页列载"。这主要是考虑到一些工具书常常有主编、副主编、编委，动辄数十人，一些大型辞书作者可能上百，甚至更多，扉页放不下。

作者名单的排序值得讨论一下。

常见的有三种排法：按作用大小，按姓名音序，按姓名笔画。其中按作用大小排是最合理的排序方法。但有时是有问题的：某些没做过实际撰写工作的领导、老师列为作者，甚至列在首位，这应属不正之风。但对这类问题编辑往往无能为力，这里不去说它。有时，作者人数较多，具体排序操作上也可能感到困难，就需要采用后两种方法。后两种方法，实际编排时容易出错，需要留意。当然，所说某排序法，实际是以某种排法为第一排法，因为通常一种排法是不足以完成排序的，往往都要按一定顺序使用多种排法。

按姓名汉语拼音排序，通常要逐字比较：汉语拼音→音调→笔画数→笔形顺序→字符集编码。

按姓名笔画排序，亦作"按姓氏笔画为序"。要逐字比较：笔画数→笔形顺序→字符集编码。

这里的笔形顺序，指的是一个字从起笔到末笔的笔形顺序：横、竖、撇、点、折。

实践中，"按姓氏笔画为序"跟"按姓名笔画为序"在细节上有一点差异。按姓氏笔画为序，对于单名的，要把名的首字计为"零"画。笔画数和笔形顺序相同的字，按字形结构，先左右形字，再上下形字，后整体字。而按姓名笔画为序，则是不区分单名和双名的。

当然，有时也会看到按其他方法排序的。

《中华传统文化经典百篇》内容属于传统文化，编委"以年龄为序"也不失为一种可取的排法。见图3-7。

《中华传统文化经典百篇》编委会

主　编　袁行霈　王仲伟　陈进玉

副主编　冯　远　陈　来　陈祖武　许逸民

编　委　（以年龄为序）

　　　　　李修生　王　蒙　孙钦善　杨天石　王　宁

　　　　　陈高华　刘梦溪　白少帆　安平秋　赵仁珪

　　　　　赵德润　詹福瑞　刘跃进

图3-7 《中华传统文化经典百篇》编委会名单

《教育的物证理治·物理》说是"排名不分先后次序"，却是将主编排在首位。还是有某些有关次序的考虑，只是难以道明吧？见图3-8。

编 委 会

编委：（排名不分先后次序）

张韶龙　赵一斌　郭苋兰　吴义华　徐玉堂　张　静

杨叶青　陈　丽　薛珍美　姚春华　沈慧群　章丽玲

薛舒月　陈家俭　张韶山　杨　秀

图3-8 《教育的物证理治·物理》编委会名单

3.2.2.3　翻译书的作者名

通常，翻译书的原作者名前应注明国籍。国籍一般用简称，置于方括号内，如"［美］""［英］""［日］"。GB/T 15834—2011《标点符号用法》规定："标示作者国籍或所属朝代时，可用方括号或六角括号。"有编辑朋友问，图书在版编目数据中"中国古代作者的朝代和外国作者的国别"使用圆括号，跟这是不是矛盾。对此，可以这样解释：在版编目中的那个符号是"内容标识符"，虽然形状跟标点符号的圆括号相同，但它不是标点符号。所以，有关规定并不矛盾。

近年来，由于外语热，常有科技文献中采用原名，不译出的。这种做法，用于书名页是不妥当的。因为图书到了图书馆，一般要分别做书名中文编目和作者中文编目，图书不提供统一译名，各家分别译，难免译法不一，良莠不齐。

图 3-9　《生物燃料生产》扉页和版本记录页

《生物燃料生产》一书，其实 CIP 已经把原书作者姓名给译出了，扉页为何不用呢？见图 3-9。

3.2.3 出版者

国家标准 GB/T 12450—2001《图书书名页》规定："出版者名称采用全称，并标出其所在地（名称已表明所在地者可不另标）。"

为了便于读者与出版社联系，需要标明出版社的所在地。很多出版社单从名称上是看不出所在地的。如"海燕出版社""大象出版社""天地出版社""内蒙古人民出版社"。中山大学出版社的一位编辑在一次会议上就提到，有读者给他写信，寄到了广东省中山市。其实中山大学出版社所在地是广州市。有的出版社社名中已带有所在城市的名称，如"上海人民出版社""济南出版社"，可以不再标。

《桃太郎》扉页，应标明地址。见图 3-10。

图 3-10 《桃太郎》扉页

3.3 版本记录页

版本记录页又称"版权页"。

GB/T 12450—2001《图书书名页》"4.2"规定："版本记录页 提供图书的版权说明、图书在版编目数据和版本记录。"

3.3.1　版本记录页的位置

目前，我国图书的版本记录页位置有的在前，有的在后，不统一。这显然不符合标准化的要求。那么，如何统一呢？

《中华人民共和国标准化法实施条例》（2018）："第四条　国家鼓励采用国际标准和国外先进标准，积极参与制定国际标准。"现在人们也经常讲"与国际接轨"。

国际标准 ISO 1086：1991《信息与文献——图书书名页》（Information and documentation — Title leaves of books, Second edition, 1991-08-15）没有独立的"版本记录页"一说，只是规定在"主书名页"（on the title page）列载书名、作者、出版者信息，在"主书名页背面"（on the verso of the title leaf）列载版权说明、CIP 数据、ISBN 等信息。

较早的国家标准版本 GB/T 12450—1990《图书书名页》也没有"版本记录页"的名称，而是像国际标准一样称其为"主书名页背面"。规定"主书名页背面""提供图书的版权说明、在版编目数据和版本记录"。

现行国家标准 GB/T 12450—2001《图书书名页》规定版本记录页"位于主书名页的背面，即双数页码面"。这是与国际标准的要求一致的。

然而，一直有些出版社对此规定置若罔闻，随意设置版本记录页，这是不应该的。

3.3.2　版权说明

3.3.2.1　规定

1990 年版国家标准《图书书名页》制定时，我国版权法还没出台。所以当时只是笼统地规定"按有关法规的规定执行"。

ISO 1086：1991《信息与文献——图书书名页》明确规定"应该给出版权说明"。

1992 年 10 月我国加入《伯尔尼公约》和《世界版权公约》。《世界版权公约》规定，任何缔约国出版的作品，只要在版权页印上符号 ©、版权所有者姓名和首次出版年份，便在其他缔约国受到保护。

2001 年修订《图书书名页》国家标准时，考虑我国著作权法承认著作权自动产生的原则，不像一些《世界版权公约》缔约国那样取得保护要有条件，所做说明对作者通常并无特别的意义，因而没有采纳"版权说明，强制执行"的主张。至于在书上印明"版权所有，不得翻印"之类或引进图书的合同按规定到省、市版权局登记，并将著作权登记号印在图书版本记录页，着眼点主要在申明出版社的专有出版权上。

3.3.2.2　位置

版权说明按标准规定，应"排印在版本记录页的上部位置"。实践中很少受到人们的重视，往往被排到在版编目数据之下甚至版本记录之下。

《人性的弱点》版权说明放在了版本记录页下部，应移往上部。见图 3–11。

《月满千江》版权说明被插到了版本记录页中间，应摘出，移往本页上部。见图 3–12。

国外则普遍重视版权，通常把版权说明放在首要位置，即顶部。

《反恐战争百科全书》，很明显，版权说明是在版本记录页顶部。见图 3–13。

3.3.2.3　用语

版权说明的用语，传统上，我国图书会声明（这里，按原文，采录部分繁体字）"書經存案　翻印必究"（《最新初等小學國文教科書》，上海．商務印書館，1905）、"此書有著作權　翻印必究"（《辭源》，上海．商務印書館，1915）、"著作權所有"（《辭海》，上海．中華書局，1947）等。当前，常见的说法有"版权所有　侵权必究"（《初心·使命·家书》，北京．人民出版社，2019）、"版权所有　不得翻印"（《中国外交（2019 年

图书在版编目（CIP）数据

人性的弱点/（美）卡耐基著；云中轩译.—南宁：

广西人民出版社，2016.3

ISBN 978-7-210-07954-5

Ⅰ.①人… Ⅱ.①卡… ②云… Ⅲ.①心理交往—通

俗读物 Ⅳ.①C912.1-49

中国版本图书馆CIP数据核字(2015)第282342号

人性的弱点

[美]卡耐基/著 云中轩/译

责任编辑／王 华 周善松

出版发行／广西人民出版社

地址／南宁市桂春路6号 邮政编码／530028

版次／2016年3月第1版

2016年3月第1次印刷

880毫米×1280毫米 1/32 9印张

字数/200千字

ISBN 978-7-210-07954-5

定价/32.00元

赣版权登字-01-2015-847

版权所有 侵权必究

如有质量问题，请寄回印厂调换。联系电话：010-64926437

图 3-11 《人性的弱点》版本记录页

图书在版编目（CIP）数据

月满千江：传常长老传／梁柱芳执笔.—北京：宗教文化出版社，2020.6

ISBN 978-7-5188-0908-0

Ⅰ.①月… Ⅱ.①梁… Ⅲ.①传常长老—传记 Ⅳ.①B949.92

中国版本图书馆CIP数据核字(2020)第093108号

月满千江：传常长老传

梁柱芳执笔 福州象峰崇福寺编著

出版发行／宗教文化出版社

地　址：北京市西城区鸭儿胡同甲6号（100009）

电　话：(010)63095215（发行部） (010)66070892（编辑部）

责任编辑：王志宏

版式设计：星 月

印　刷：北京信彩瑞印刷厂

版权专有 侵权必究

版本记录：787×1092 毫米 16 开 14.75 印张 250 千字

2020 年 11 月第 1 版 2020 年 11 月第 1 次印刷

书　号：ISBN 978-7-5188-0908-0

定　价：68.00 元

图 3-12 《月满千江》版本记录页

The War on Terror Encyclopedia

FROM THE RISE OF AL-QAEDA TO 9/11 AND BEYOND

Jan Goldman, Editor

A B C ● C L I O

Santa Barbara, California • Denver, Colorado • Oxford, England

Copyright © 2014 by ABC-CLIO, LLC

All rights reserved. No part of this publication may be reproduced, stored in a retrieval system, or transmitted, in any form or by any means, electronic, mechanical, photocopying, recording, or otherwise, except for the inclusion of brief quotations in a review, without prior permission in writing from the publisher.

Library of Congress Cataloging-in-Publication Data

The war on terror encyclopedia : from the rise of Al-Qaeda to 9/11 and beyond / Jan Goldman, editor.

 pages cm

Includes bibliographical references and index.

ISBN 978-1-61069-510-7 (alk. paper) — ISBN 978-1-61069-511-4 (ebook) 1. War on Terrorism, 2001–2009—Encyclopedias. 2. Terrorism—United States—History—21st century—Encyclopedias. 3. Terrorism—History—21st century—Encyclopedias. I. Goldman, Jan.

 HV6432 W37185 2014

 363.32503—dc23　　　　2014014854

ISBN: 978-1-61069-510-7

EISBN: 978-1-61069-511-4

18　17　16　15　14　　1　2　3　4　5

This book is also available on the World Wide Web as an eBook.

Visit www.abc-clio.com for details.

ABC-CLIO, LLC

130 Cremona Drive, P.O. Box 1911

Santa Barbara, California 93116-1911

This book is printed on acid-free paper ♾

Manufactured in the United States of America

All statements of fact, opinion, or analysis expressed are those of the authors and do not reflect the official position or views of any U.S. government agency. Nothing in the contents should be construed as asserting or implying U.S. government authentication of information or endorsement of the authors' views.

图 3-13 《反恐战争百科全书》扉页和版本记录页

版）》，世界知识出版社）或"版权专有　侵权必究"（《作者编辑常用标准及规范》，北京.中国标准出版社）等。

我国台湾地区用语与此类似。例如，"有著作權　侵害必究"（柏楊.《帝王之死》，臺北.遠流出版事業股份有限公司，2016）、"版權所有 翻印必究"（王雲五主編，馬持盈註譯，《詩經今注今譯》，新北，臺灣商務印書館股份有限公司，2017）、（Sophia.《相遇的理由》，臺北.春天出版國際文化有限公司，2018）。

图 3-13 中，原书版权说明为："All rights reserved. No part of this publication may be reproduced, stored in a retrieval system, or transmitted, in any form or by any means, electronic, mechanical, photocopying, recording, or otherwise, except for the inclusion of brief quotations in a review, without prior permission in writing from the publisher." 直译过来是："版本所有。未经出版商事先书面许可，不得以任何形式通过电子、机械、影印、录音或其他方式复制、存储在检索系统中或传输本出版物的任何部分，除非在评论中包含简短引用。"如果理解为"未经出版商事先书面许可，不得以任何方式使用"，用到中文书上，读者就未免感觉费解了。如何办理许可手续？购买或者接受赠阅算不算经许可？检索、查阅也是使用方式吧？"不得以任何方式使用"，或者说的是过头话，无法实施，或者说了等于没说。近期看到有新书，版权说明为："权利保留，侵权必究。"感觉就很明晰、适用。见图 3-14。

3.3.3　图书在版编目（CIP）数据

参见"4 图书在版编目（CIP）数据"。

3.3.4　版本记录

GB/T 12450—2001《图书书名页》"4.2.3"规定："版本记录　提供图书

权利保留,侵权必究。

图书在版编目(CIP)数据

图书编校质量差错案例/中央宣传部出版产品质量监督检测中心组编. —北京:商务印书馆,2019.1 (2019.1 重印)

ISBN 978-7-100-16243-2

Ⅰ. ①图⋯ Ⅱ. ①中⋯ Ⅲ. ①图书—编辑工作—质量检查—案例 ②图书—校对—质量检查—案例 Ⅳ. ①G232.2

中国版本图书馆 CIP 数据核字(2018)第 132657 号

图 3-14 《图书编校质量差错案例》版本记录页局部

在版编目数据未包含的出版责任人记录、出版发行者说明、载体形态记录、印刷发行记录。"提供四项内容,前两项是关于出版责任者的,后两项是关于图书本身的。

1972 年 12 月 7 日国务院出版口发布的《关于图书版本记录的规定》曾规定图书版本记录包括以下项目:

1. 书名(或图片名)

2. 著作者(或绘制者)、编辑者、翻译者的姓名(或笔名、单位名称)

3. 出版者、印刷者和发行者的名称

4. 出版年月、版次、印次、印数

5. 统一书号、定价

GB/T 12450—2001《图书书名页》考虑到,版本记录页的图书在版编目数据中已经有书名、著作者、国际标准书号等数据,所以在版本记录中对这几项没有再做要求。

3.3.4.1　出版责任人记录

对图书出版负责的首先是责任编辑，当然，不限于责任编辑。GB/T 12450—2001《图书书名页》4.2.3.1 提到"责任编辑、装帧设计、责任校对和其他有关责任人"。这里的"其他有关责任人"可以是责任印制者或策划人，也可以是社长、总编辑。

民国时期出版的图书一般在版权页载明出版人、发行人。

有些图书把出版责任人记录放在封底，目前也认可；完全不列载，则是不应该的。

3.3.4.2　出版发行者说明

出版发行者涉及出版者、排版印刷和装订者、发行者，目前说明记载情况十分纷纭。

比较普遍的是，在出版发行者名下列载地址和邮政编码。一些出版社也提供电话和网络联系方式。GB/T 12450—2001《图书书名页》的规定是："出版者名下注明详细地址及邮政编码，也可加注电话号码、电子邮箱或因特网网址。"

3.3.4.3　载体形态记录

载体形态记录包括图书本身和附件。GB/T 12450—2001《图书书名页》"4.2.3.3 载体形态记录"规定：

> 参照 GB/T 788 列载图书成品幅面尺寸。
>
> 列载印张数、字数。
>
> 列载附件的类型和数量，如"附光盘 1 张"。

实际图书的版本记录情况比较复杂。

3.3.4.3.1　图书成品幅面尺寸

传统上，人们使用开本表示书的大小，如 32 开、16 开。但因原纸大小不一，相同开本的书大小并不相同，所以要加注原纸大小，如 787mm×1092mm、850mm×1168mm、890mm×1240mm。但此时图书成品的大小并不直观，更不要说还有各种异型开本。所以，有人提出，直接记载图书幅面尺寸，得到人们的认同。例如 900mm×1280mm，32 开，可直接标注为 148mm×210mm。

《变革》版本记录页中，版本记录已经直接标注了成品尺寸 165mm×230mm，再标"1/16"，就不对了。见图 3-15。

图 3-15　《变革》版本记录

需要注意的是，这里使用的单位，是两个"mm"。也可以使用两个"毫米"。不使用单位，可以理解为省略"mm"或"毫米"，也是可以的。但是有时见到使用一个"mm"或一个"毫米"的，就错了。

《清帝国性质的再商榷——回应"新清史"》版本记录页中原纸大小标注为"920×1250毫米"，少了一个"毫米"。此外，这里"版次"用法有误，参见本书"3.3.4.4.1 版次和印次"；"国际书号"名称不当，参见本书"5.3 中国标准书号使用的错误"。见图 3-16。

《成功的大客户管理》版本记录页中有多处不符合标准规定：①本书版本记录页放在正文之后，不符合标准规定。②在版编目数据标题下应空一行。③出版项前的标识符不应是"。—"，而应是".—"。④CIP 记载的出版时间与版本记录不一致。⑤检索数据应接排，不再每个检索点另行起

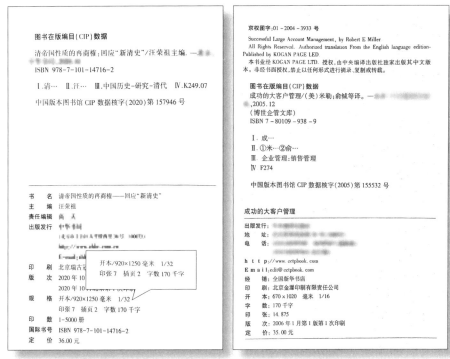

图 3-16 《清帝国性质的再商榷——回应"新清史"》版本记录页　图 3-17 《成功的大客户管理》版本记录页

排。⑥开本记录用一个"毫米"，错。⑦"印次"列混在"版次"之中，不妥（参见本书"3.3.4.4.1 版次和印次"）。见图 3-17。

3.3.4.3.2　字数

书刊中文字的计量因用途不同而有不同的计算方法，一般有实际字数、版面字数、排版字数和计酬字数几种。

实际字数，又称"实有字符数"，一般是利用计算机软件的"字数统计"功能得出的，包括汉字数，也计入标点符号和外文单词，不计版面的空行、空格，也不计图片。有时得出的数字可能跟出版物给人的直感差距较大。

版面字数是版心内可以容纳的印刷汉字数量。所谓"可以容纳的印刷汉字数量"，是一个设计数，并不等于版心中实际的印刷字符数量。一定规格的版心中可以容纳多少印刷字，通常取决于印刷汉字的字号和行距。一本书刊，各个版心的每面行数和每行字数有可能各不相同。为了便于计算，进行版式设计时一概以正文主体文字的每行字数（称"版心宽"）和每面行数（称"版心高"）作为计算各个版心版面字数的基准。设定之后，在版心中，实际是汉字还是汉语拼音或外文，字体字号有何差异，是图是表，有多少空行空格，全都不做计较。将版心宽乘上版心高得出一个版心的版面字数，再乘上本书刊的总面数，就可得出该书刊总的版面字数。显然，版面字数总是多于实际字数的。

排版字数，则在版面字数之外，还需考虑计入版心之外书眉、页码的因素。横排本的书眉、下书眉都视为 1 行字。页码，如果单独排在地脚或天头，也视为 1 行字。显然，排版字数又大于版面字数。

计酬字数，出版单位通常会用以排版字数或版面字数为基数，适当地扣除空白页及空行的方式来计算。

版本记录页载体形态记录中的字数，应该是排版字数。

《科学革命的结构（第四版）》列载字数为"219 字"，显然丢了一个"千"字。这可是"第 15 次印刷"的！此外，此处版本记录的"第 2 版"，与书名所称"第四版"，是否会让读者疑惑？见图 3-18。

3.3.4.4　印刷发行记录

GB/T 12450—2001《图书书名页》"4.2.3.4"要求："印刷发行记录　列载第 1 版、本版、本次印刷的时间。列载印数。列载定价。"

3.3.4.4.1 版次和印次

按规定，再版书应注意不能漏载第一版的时间。国外图书的版次、印次时间一般为年；国内图书版次、印次时间一般为年月。

时间应准确，这是不言而喻的事。

《中医脉诊秘诀：脉诊一学就通的奥秘》版本记录页，图片 2017 年 4 月 10 日采自北京王府井书店架上。可知版本记录中的出版时间"2017 年 6 月"和在版编目数据中的出版时间"2017.6"并不真实。不知是不是为了延长发行周期而试图取巧。见图 3-19。

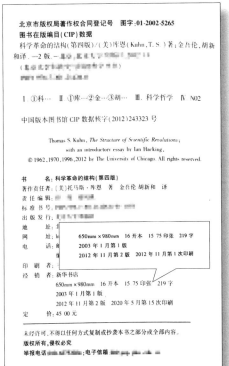

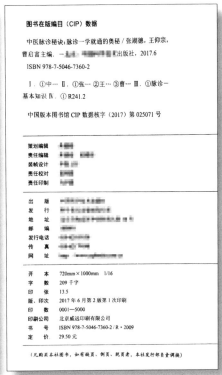

图 3-18 《科学革命的结构（第四版）》版本
记录页

图 3-19 《中医脉诊秘诀：脉诊一学就通的
奥秘》版本记录页

值得注意的问题是，"版次"和"印次"是两回事，不能混为一谈。

《2017 年中国短篇小说排行榜》的版本记录页标注"版次 2018 年 1 月第
1 版第 1 次印刷"，把"印次"混同为"版次"了。CIP 中时间有误，参见本
书"4.2.2 出版时间"。见图 3-20。

《皖江文化与绿色发展——第八届皖江地区历史文化研讨会论文选编》
版本记录页中第 1 次印刷与第 1 版时间不同，是何缘故？见图 3-21。

3.3.4.4.2 印数

印数，传统上是标记本印次前的累计印数和截至本印次的累计印数
（由此可以算出本印次印数）。例如："99 001—150 000"（《辞海》1999 年版
缩印本 2000 年 1 月第 1 版第 2 次印刷）。目前也有的只标记本印次印数。例
如："100 000 册"（《现代汉语词典》2016 年 9 月第 7 版）。看来，如何规范统

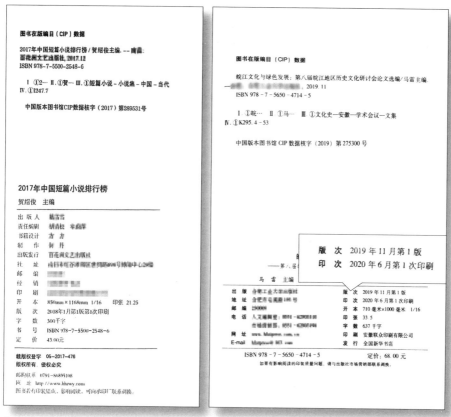

图书在版编目（CIP）数据

2017年中国短篇小说排行榜/贺绍俊主编. -- 南昌：
百花洲文艺出版社，2017.12
ISBN 978-7-5500-2548-6

Ⅰ.①2… Ⅱ.①贺… Ⅲ.①短篇小说 - 小说集 - 中国 - 当代
Ⅳ.①I247.7

中国版本图书馆CIP数据核字（2017）第289531号

2017年中国短篇小说排行榜

贺绍俊　主编

出版人　　姚雪雪
责任编辑　靖青松　辛庭辉
书籍设计　言午
制　作　　何丹
出版发行　百花洲文艺出版社
社　址　　南昌市红谷滩新区赣江中大道890号博能中心C座27楼
邮　编
经　销
印　刷
开　本　　850mm×1168mm 1/16　印张 21.25
版　次　　2018年1月第1版第1次印刷
字　数　　300千字
书　号　　ISBN 978-7-5500-2548-6
定　价　　43.00元

赣版权登字　05-2017-476
版权所有，侵权必究
邮购联系　0791-86895108
网　址　http://www.bhzwy.com
图书若有印装错点，影响阅读，可向承印厂联系调换。

图 3-20 《2017 年中国短篇小说排行榜》版本记录页

图书在版编目（CIP）数据

皖江文化与绿色发展：第八届皖江地区历史文化研讨会论文选编/马雷主编.
-- 合肥：合肥工业大学出版社，2019.11
ISBN 978-7-5650-4714-5

Ⅰ.①皖… Ⅱ.①马… Ⅲ.①文化史—安徽—学术会议—文集
Ⅳ.①K295.4-53

中国版本图书馆 CIP 数据核字（2019）第 275300 号

版次　2019 年 11 月第 1 版
印次　2020 年 6 月第 1 次印刷

马雷　主编

出版　合肥工业大学出版社
地址　合肥市屯溪路193号
邮编　230009
电话　人文编辑部：0551—62903038
市场营销部：0551—62903198
网址　www.hfutpress.com.cn
E-mail　hfutpress@163.com

版次　2019 年 11 月第 1 版
印次　2020 年 6 月第 1 次印刷
开本　710 毫米×1000 毫米　1/16
印张　33.5
字数　637 千字
印刷　安徽联众印刷有限公司
发行　全国新华书店

ISBN 978-7-5650-4714-5　　　定价：68.00 元

如果有影响阅读的印装质量问题，请与出版社市场营销部联系调换。

图 3-21 《皖江文化与绿色发展——第八届皖江地区历史文化研讨会论文选编》版本记录页

一，还需要研究。

印数，作为印刷发行记录的一项内容，通常排在版次、印次之后，定价之前。图 3-22 印数排的位置有点奇怪。

记载印数，常见有图书使用一字线连接号。其实 GB/T 15835—1995《出版物上数字用法的规定》中曾有明确的说法："阿拉伯数字书写的数值在表示数值的范围时，使用浪纹式连接号'～'。"GB/T 15835—2011《出版物上数字用法的规定》中的提法是：在表示数值的范围时，可采用浪纹式连接号"～"或一字线连接号"—"。在 GB/T 15834—2011《标点符号用法》"4.13.3.2"的"b）标示数值范围（由阿拉伯数字或汉字数字构成）的起止"中，所举两个示例，用的都是浪纹式连接号。

有人以印数涉及商业秘密为理由,认为可以不列载印数。现实的出版实务中,著作权人的合法权益与出版物的印数有密切关系。从合法权益的保护而言,真实的、可核查的印数是必不可少的。也有人说,不列载印数是为了避免盗版。其实,盗版与否,哪里会取决于你的印数呢?不是有些不列载印数的书照样被盗印了吗?所以一般认为,印数作为印刷发行的重要记录,还是应该列载的。

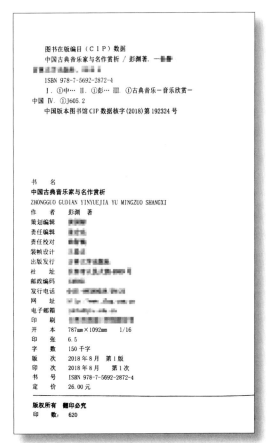

图 3-22 《中国古典音乐家与名作赏析》版本记录页

4 图书在版编目（CIP）数据

　　图书在版编目，是在图书出版过程中编制书目数据，并将其印制在图书上的工作，英文为 Cataloguing in Publication，简称 CIP。图书在版编目的成果，图书在版编目数据，英文为 Cataloguing in Publication data in the book，简称 CIP data。有了它，可以免去成千上万家图书馆得到图书后各自编制书目数据的重复劳动。

4.1　标准的制定

　　世界上最早提出图书在版编目倡议的是美国历史学家和图书馆学家温索尔（Justin Winsor 1831~1897）。他曾任波士顿公共图书馆和哈佛大学图书馆馆长。1876 年他就提出：出版商应使图书包括一个书目记录。同年，另一位学者纳尔逊（C.A. Nelson）也提出：出版图书应附一张款目，图书馆购书后可以将款目贴在卡片上排入目录。印度图书馆学家阮冈纳赞有过"出版前编目"（Pre-notal Cataloguing）的提法。

　　1963 年澳大利亚国家图书馆与书商协会决定合作，进行"图书在版编目"。他们实现目录款目的标准化，取得了经验。[①]

　　1970 年在美国图书馆协会第 89 届年会上决定采用"在版编目"的提法。20 世纪 70 年代，美国、苏联、澳大利亚、德国、巴西、墨西哥、英国、

---

① 陈源蒸.图书在版编目；书目数据的标准化与规范化 [M].北京：北京大学出版社，1994：3-6.

加拿大等国相继实施图书在版编目。[1]

联合国教科文组织 1975 年编制的关于 CIP 的国际调查报告正式提出："在版编目的目的是在有关文献被出版之前，向出版商提供编目数据，以便使这些数据能够被印刷在该出版物中。通过这种办法，出版物和它的编目数据可以同时被图书馆、书商和其他需要这一数据的人们所利用。"

1987 年国际标准化组织提出图书书名页标准的修订稿明确纳入了图书在版编目的内容。此时，向各国提出的实施图书在版编目的规范性指导文件已经齐备，包括《国际 CIP 记录推荐格式》《国际 CIP 记录的印刷格式》和《CIP 数据工作单的推荐格式》。

20 世纪 70 年代末，中国开始图书在版编目的研究。1986 年 11 月，国家出版局和国家标准局联合召开在版编目讨论会，会议委托全国文献工作标准化技术委员会出版物格式分技术委员会组织起草小组，起草《图书在版编目数据》国家标准。中国国家标准 GB/T 12451—1990《图书在版编目数据》于 1990 年 7 月 31 日发布，自 1991 年 3 月 1 日起实施。经过 5 年北京地区试点，1999 年 3 月正式在全国实施。在此之前的 1998 年 11 月 3 日，全国信息与文献标准化技术委员会出版物格式分技术委员会（简称"七分会"）第五届委员会成立。会上成立了《图书在版编目数据》标准修订工作项目组，正式着手标准的修订起草工作。修订版的 GB/T 12451—2001《图书在版编目数据》2001 年 12 月 19 日批准发布，2002 年 8 月 1 日实施。[2]

4.2 数据内容

GB/T 12451—2001《图书在版编目数据》规定，图书在版编目数据内容包括著录数据和检索数据两个部分。著录数据包括 6 个著录项目：书名与作者项、版本项、出版项、丛书项、附注项、标准书号项。检索数据包括

---

[1] 王玉良. 图书在版编目（CIP）的由来［J］. 中国图书在版编目快报，1998，试刊 1：61.

[2] 傅祚华. 图书书名页标准解说 [M]. 北京：中国标准出版社，2007：35-37.

图书识别特征的检索点和内容主题的检索点。

图书在版编目数据是在出版社填报的图书在版编目（CIP）数据工作单的基础上，由中国版本图书馆专业人员统一编制，排出版样交给出版社的。这种工作程序，有利于保证数据的规范和唯一性。然而，现实中发现的在版编目数据问题却有不少。

中国版本图书馆网站介绍图书在版编目（CIP）数据填报主要存在哪些问题，指出：

①错别字比较多是图书在版编目（CIP）数据信息填报中常见的问题之一。错别字的原因，大多是使用拼音输入法时，对出现的多组同音字、同音词没有仔细挑选。

例：《电器为什么这么只能？》，将"智能"错为"只能"等。

②项目填报有遗漏。常见的问题有：

a. 没有填报说明文字或副书名、分册名；

b. 没有填报外国作者国别；

c. 有丛书名的没有填报丛书名和丛书主编；

d. 不填报多卷书和丛书中每本书的作者；

e. 没有填报翻译图书译者和书名原文等。

③内容提要撰写不符合图书在版编目（CIP）数据业务要求。常见的问题有：

a. 提要只是书名的简单重复，有些书内容提要里就只写"内容同书名"；

b. 书名与内容提要不一致。例：《唐诗》的内容提要为：《论语》是中国古代儒家的一部重要经典。我们根据原文内容增加了注释、译文、故事三部分，以帮助小读者领会其中的意蕴和精神。我们出版本书是为了提倡国学，对青少年进行必要的国学启蒙教育，达到推广传统国学的目的；

c. 没有准确揭示图书内容。例：《乡村父亲》的内容提要为：本书反映了农村生活和农牧民生活特性，以农牧民生活为基本内容，反映了他们对构建和谐社会，构建小康社会的渴望，并有趣而感人的描述了体现农牧民群众对社会主义美化生活的渴望。本书没有直接说明是短篇小说集；

　　d. 多卷书和丛书只填写整套书的总体提要，没有具体填每册图书的提要；

　　e. 内容提要文字重复。例：《九江年鉴》（2010）的内容提要为：《九江年鉴》（2010）全面、客观地记载九江市 2009 年度全市经济社会发展情况。本书全面、客观地记载九江市 2009 年度全市经济社会发展情况。①

检查一下正式出版的图书，发现在版编目数据有问题的仍不少。

4.2.1　数据统一

　　图书在版编目（CIP）数据与作为数据出处的图书有关部分的内容需要统一，这应该是没有异议的事情。而事实上，不统一的情况并不少见。本书"2 封面""3 书名页"中对此已有涉及。有些不统一的存在可以归咎于校对疏漏，有些产生的原因则值得探讨。

　　《父亲长长的一生》面封和扉页上作者署名都是"叶至善写"，CIP 中则是"叶至善著"。不难猜想，作者署名采用一个小小的"写"字，有其特殊的用意。CIP 改为"著"并不合适。造成不统一，则是错误了。见图 4-1。

　　《独角兽集》包括《白色的河》《寒寺听雨》《把一只蝴蝶捂怀里》《花朵里的月色》《小镇上的爱情》《世纪新诗典》《江湖海诗选》《周后运诗赋选》《抵达诗选：2008—2019》等九册，各册版本记录页的 CIP 分别使用本册书名，而版本记录统一用丛书名《独角兽集》，从字数、定价、书号来看，CIP书名也用"独角兽集"才对。见图 4-2。

---

① 中国版本图书馆.图书在版编目（CIP）数据填报主要存在哪些问题？〔EB/OL〕.〔2019-12-16〕.https://www.capub.cn/zbbm/ywjd/06/4347.shtml.

图书在版编目（CIP）数据

父亲长长的一生 / 叶至善著. — 修订本. — 成都：
四川文艺出版社，2015.2
ISBN 978-7-5411-4030-3

Ⅰ. ①父… Ⅱ. ①叶… Ⅲ. ①叶圣陶（1894～1988）
—传记 Ⅳ. ①K825.46

中国版本图书馆 CIP 数据核字（2015）第 061041 号

FUQIN CHANGCHANG DE YISHENG
父亲长长的一生
修订本
叶至善　写

责任编辑　张志宇
责任校对　陈　琴
封面设计　甘　泉
内文设计　史令雨
责任印制　秦　毅

出版发行　四川文艺出版社
社　　址　成都市槐树街 2 号
网　　址　www.scwys.com
电　　话　028-86261805（发行部）　028-86261811（编辑部）
传　　真　028-86259306
读者服务　028-86259290
邮购地址　成都市槐树街 2 号四川文艺出版社邮购部　610031
排　　版　四川胜翔数码印务设计有限公司
印　　刷　成都东江印务有限公司
成品尺寸　147mm×210mm　1/32
印　　张　14.75
字　　数　370 千
版　　次　2015 年 8 月第一版
印　　次　2015 年 8 月第一次印刷
书　　号　ISBN 978-7-5411-4030-3
定　　价　65.00 元

版权所有，侵权必究。如有质量问题，请与出版社联系更换。

图 4-1　《父亲长长的一生》扉页和版本记录页

图书在版编目（CIP）数据

白色的河 / 刘军华著. — 成都：四川民族出版社，
2020.3

（独角兽集）
ISBN 978-7-5409-9025-1

Ⅰ. ①白… Ⅱ. ①刘… Ⅲ. ①诗集—中国—当代
Ⅳ. ①I227

中国版本图书馆 CIP 数据核字（2020）第 050591 号

独角兽集
DUJIAOSHOUJI
惠州市阅客文学院　主编

出 品 人　陈仁礼西
责任编辑　夏鸿马
校　　对　区雪婷
版式设计　阅客·书装设计
出版发行　四川民族出版社
联系电话　028-80864093
地　　址　四川省成都市青羊区草堂全国 10# 号
印　　刷　广州广禾科技股份有限公司
成品尺寸　140mm×210mm
印　　张　52
字　　数　900 千字
版　　次　2020 年 3 月第 1 版
印　　次　2020 年 3 月第 1 次印刷
书　　号　978-7-5409-9025-1
定　　价　300.00 元

著作权所有·侵权必究

图书在版编目（CIP）数据

寒寺听雨 / 乾唐著. — 成都：四川民族出版社，
2020.3

（独角兽集）
ISBN 978-7-5409-9025-1

Ⅰ. ①寒… Ⅱ. ①乾… Ⅲ. ①诗集—中国—当代
Ⅳ. ①I227

中国版本图书馆 CIP 数据核字（2020）第 050590 号

独角兽集
DUJIAOSHOUJI
惠州市阅客文学院　主编

出 品 人　陈仁礼西
责任编辑　夏鸿马
校　　对　钟小婷
版式设计　阅客·书装设计
出版发行　四川民族出版社
联系电话　028-80864093
地　　址　四川省成都市青羊区草堂全国 10# 号
印　　刷　广州广禾科技股份有限公司
成品尺寸　140mm×210mm
印　　张　52
字　　数　900 千字
版　　次　2020 年 3 月第 1 版
印　　次　2020 年 3 月第 1 次印刷
书　　号　978-7-5409-9025-1
定　　价　300.00 元

著作权所有·侵权必究

图 4-2　《独角兽集》版本记录页

4.2.2　出版时间

　　CIP 中最多见的问题出在出版项中的出版时间上。这实际也是数据统一的问题。

　　在版编目数据中有出版时间的记录，版本记录中也有出版时间的记录。两个出版时间说的是一件事，不能不一致。现实中，版本记录中的出版时间比在版编目数据中的出版时间推迟几个月，或者推迟到下个年度都是常见的（偶尔也见到有版本记录中的出版时间比在版编目数据中的出版时间早的）。出现这种情况，或许是因为出版社填报在版编目数据工作单时填的是计划的出版时间，而"计划跟不上变化"，后来实际的出版时间往往会发生变化。在这种情况下，在版编目数据中的出版时间就应该随之改变。这是数据本身的性质决定的，也是中国版本图书馆认可的。如果没有做相应改变，便会在同一页上出现两个不同的出版时间。

　　《华为文化手册》版本记录中的出版时间是"2020 年 4 月"，在版编目数据中的出版时间却是"2020.2"。见图 4-3。

　　《委婉语词的意向观研究》版本记录中的出版时间是"2020 年 6 月"，在版编目数据中的出版时间却是"2018.12"。二者已不在一个年份。见图 4-4。

　　版本记录的出版时间有年有月，在版编目数据的出版时间当然也应有年有月。但可能是申报在版编目数据时还不知道将要几月出版，为了避免出现前面提到的两个出版时间不同的问题，于是出现了在版编目数据的出版时间有年无月的情况。显然，版本记录中的出版时间和在版编目数据中的出版时间仍然不同，还是错误的。

　　《能说会唱》版本记录记载"2020 年 1 月第 1 版""2020 年 1 月第 1 次印刷"，CIP 记载"2020"，没有月份，二者并不一致。见图 4-5。

　　《城南旧事》版本记录页中，版本记录提到"2000 年"和"2017 年"，不知 CIP 中"2016"从何而来。见图 4-6。

　　还有个重印时间的问题。中国版本图书馆《CIP 办事指南》做了规定。

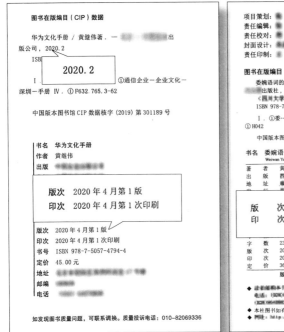

图 4-3 《华为文化手册》版本记录页

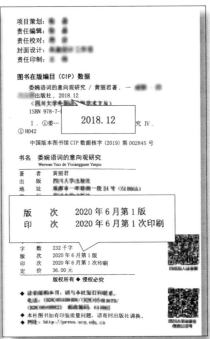

图 4-4 《委婉语词的意向观研究》版本记录页

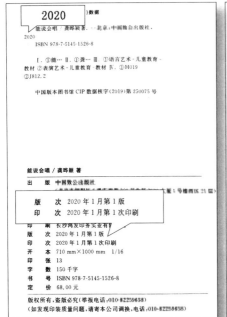

图 4-5 《能说会唱》版本记录页

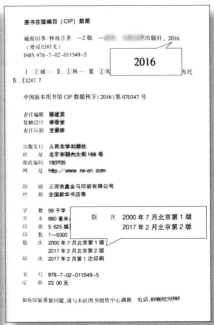

图 4-6 《城南旧事》版本记录页

重印书制作图书在版编目（CIP）数据分三种情况：

①如果重印书以前没有申报制作图书在版编目（CIP）数据，则再次印刷时应当申报图书在版编目（CIP）数据。申报的时候应当分别填报一版一次出版时间和重印时间；

②如果以前申报制作了图书在版编目（CIP）数据，则不需要再申报。把重印时间加在原出版时间后边，用括号括起，其他内容都不变；

例：2009.3（2013.5 重印）

③已做过图书在版编目（CIP）数据的重印书，定价发生了变化，不需重新申报。[①]

《体育综合评价理论与方法》CIP 中原出版时间"2018.9"与版本记录矛盾，应为"2020.2"。见图 4-7。

《公主童话》CIP 中重印时间缺月份。《小鲤鱼跳龙门》CIP 重印时间"年""月"字都无必要。见图 4-8。

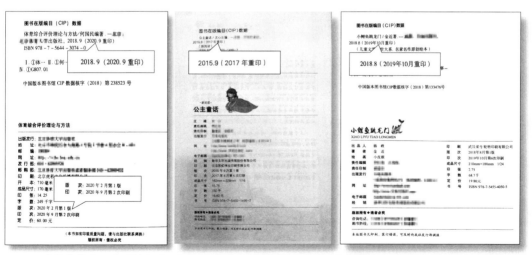

图 4-7 《体育综合评价理论与方法》版本记录页　　图 4-8 《公主童话》《小鲤鱼跳龙门》版本记录页

① 中国版本图书馆.重印书是否要制作图书在版编目（CIP）数据？［EB/OL］.［2019-12-16］.https://www.capub.cn/zbbm/ywjd/06/4353.shtml.

4.3 项目标识符

GB/T 12451—2001《图书在版编目数据》规定图书在版编目数据共使用 7 个项目标识符和 1 个内容标识符。

项目标识符:

6 个著录项目及其组成部分之前须分别按下列规定冠以标识符。

. — 各著录项目（每一段落的起始项目除外）。

= 并列书名，并列丛书名。

: 其他书名信息，丛书其他书名信息、出版者。

/ 第一作者、丛书的主编、与本版有关的第一作者。

; 不同责任方式的作者、与本版有关的其他作者、同一作者的合订书名之间、第二出版地、丛书编号。

, 相同责任方式的其他作者、有分卷（册）标识的分卷（册）书名、出版时间、附加版本说明、国际标准连续出版物号。

. 分卷（册）标识、无分卷（册）标识时的分卷（册）书名、合订书名、附属丛书名。

内容标识符:

( ) 中国古代作者的朝代、外国作者的国别及姓名原文、丛书项。

标准要求:"各著录项目所使用的标识符，除逗号','和句点'.'只在后面带半个汉字空，其他标识符均需在其前后各留半个汉字空。"

值得注意的是，有些标识符样子与标点符号相同，却并不是标点符号。它们只是提示其后特定项目含义的"项目标识符"。它们都放在相应项目的前面。

实际出版物中，常见有用错标识符的。

4.3.1　其他书名信息标识符"："

有人看到在版编目数据中副书名前面用了"："，以为搞错了，给改成"——"，结果才是真的错了。普通行文时，主书名和副书名连用，其间是习惯使用破折号的。这没错。而在在版编目数据中，主书名和副书名是分别处理的。副书名，属于"其他书名信息"，它的前面应使用著录项目标识符"："，而不是标点符号"——"。

《舌尖上的诱惑——功夫川菜席点》CIP 中，"功夫川菜席点"作为其他书名信息，之前的"——"应为"："。见图 4-9。

4.3.2　出版地标识符

另一个容易弄错的是出版地之前要用的著录项目标识符".—"。

依据 GB/T 12451—2001《图书在版编目数据》，点横的横是一字线，不是二字线，也不是半字线。为了便于输入，版本图书馆可能按 GB/T 3792.2—2006《普通图书著录规则》，用两个连字符代替一字线，即"下圆点、空格、连字符、连字符、空格（.--）"。关键的问题是，点横是一个标识符，不能拆分转行。这是 GB/T 12451—2001《图书在版编目数据》"5.1.3"节特别强调了的。

《好的人生是有风雨，但不凄迷》CIP 中出版地之前著录项目标识符".—"的一字线成了二字线。见图 4-10。

《近代天津城市文化特质的形成研究：以功能城区的拓展为视角》版本记录页中，CIP 的出版地之前著录项目标识符用了两个一字线，显然错了。这个版本记录页中，还有纸张尺寸单位、版次和版权说明文字的问题。见图 4-11。

《中国美丽休闲乡村精品旅游线路手册》CIP 数据中，CIP 的出版地之前著录项目标识符的"."成了"；"。见图 4-12。

《诗词写作入门》CIP 中出版地之前的著录项目标识符".—"被拆分转

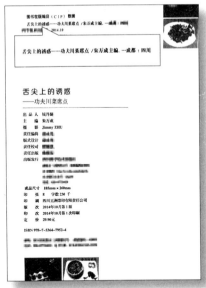

图4-9 《舌尖上的诱惑——功夫川菜席点》版本记录页

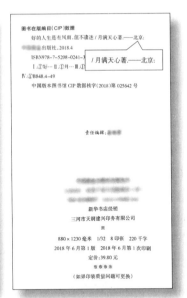

图4-10 《好的人生是有风雨，但不凄迷》版本记录页

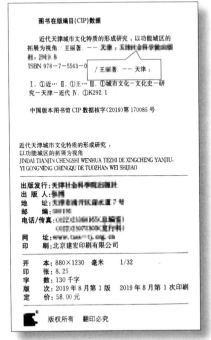

图4-11 《近代天津城市文化特质的形成研究：以功能城区的拓展为视角》版本记录页

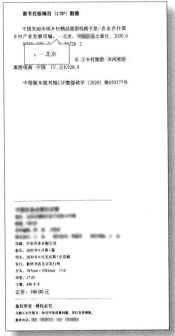

图4-12 《中国美丽休闲乡村精品旅游线路手册》版本记录页

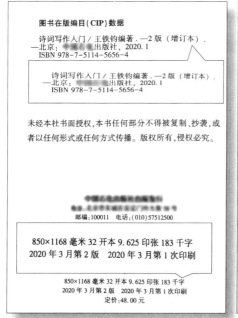

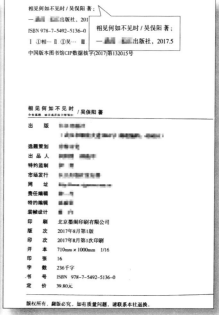

图 4-13 《诗词写作入门》版本记录页　　　图 4-14 《相见何如不见时》版本记录页

行了。CIP 中的出版时间与版本记录中的出版时间不同。版本记录中原纸大小的单位使用有误。见图 4-13。

《相见何如不见时》CIP 中出版地之前的著录项目标识符".—"被拆分转行了，且"."成了"；"。在版编目数据的出版时间"2017.5"与版本记录的出版时间"2017 年 8 月"也不一致。见图 4-14。

4.3.3　作者标识符

作者标识符的使用有时也有问题。

有的图书，CIP 中，作者符"/"后并无作者名。

4.4 印刷格式

　　GB/T 12450—2001《图书书名页》"4.2.2"规定：图书在版编目数据"排印在版本记录页的中部位置"，即版权说明之下，版本记录之上。然而，却见到有将其排在版本记录页下部的。见图4-15。

　　《曦园拾零：在史学与文学之间》版本记录页中图书在版编目数据排印位置不符合标准要求。版本记录中中国标准书号亦有错（参见本书"5.3 中国标准书号使用的错误"）。

　　为了便于识别，GB/12451—2001《图书在版编目数据》中专设"图书在版编目数据的印刷格式"一章，对数据的分段、回行、空格、空行，乃至字体，都做了具体规定。"图书在版编目数据由4个部分组成，依次为：图书在版编目数据标题、著录数据、检索数据、其他注记。各部分之间空一行。"

　　版本图书馆统一编制、提供给出版社的图书在版编目数据既是文字规范，也是格式规范，一般不宜随意改动。

　　目前图书市场所见，图书在版编目数据的印刷格式相当混乱：

　　有标题字体不用黑体的。

　　有标题之下不空行，乃至各部分之间都不空行的。客观地说，各部分之间空行，让整个图书在版编目数据显得有点散，也加剧了版本记录页页面的紧张。标准修订时可以考虑删去这个空行。而在标准修订之前，还是应该按现行标准执行。

　　段落首行有退两格的，也有只退一格的，还有不退格的。

　　各项检索数据，原来是分别另行起排的，为节省篇幅，2001年版标准已改为接排。有的图书仍然另行起排。

　　《古人有意思》版本记录页中，CIP标题未用黑体字。图书在版编目数据标题、著录数据、检索数据、其他注记各部分之间空行不明显。版权说明应移本页上部。见图4-16。

　　《领导干部的看家本领——哲学与领导智慧》CIP中，①"出版社"回行

曦园拾零：在史学与文学之间

张广智 著

出 品 人：▮▮▮
责任编辑：▮▮▮ ▮▮▮
营销编辑：▮ ▮
装帧设计：▮▮▮

出 品：北京▮▮▮文化▮▮▮传播有限公司
 （北京▮▮▮▮▮▮▮▮▮▮▮▮）
出版发行：上海人民出版社
印 刷：▮▮▮▮▮▮▮▮▮▮有限公司
制 版：▮▮▮▮文化▮▮有限公司

开 本：890mm×1240mm 1/32
印 张：12.125 字 数：292,000 插 页：2
2022年5月第1版 2022年5月第1次印刷
定 价：89.00元
ISBN：978-7-208-17655-3 / K·3194

图书在版编目（CIP）数据
曦园拾零：在史学与文学之间/张广智著．—上
海：上海人民出版社，2022
ISBN 978-7-208-17655-3
Ⅰ.①曦… Ⅱ.①张… Ⅲ.①史学-文集②随笔-作
品集-中国-当代 Ⅳ.①K0-53②I267.1
中国版本图书馆CIP数据核字（2022）第037963号

本书如有印装错误，请致电本社更换 ▮▮▮-▮▮▮▮▮▮▮

图书在版编目（CIP）数据
古人有意思/吴晗著．—北京：台海出版社，
2020.6
ISBN 978-7-5168-2619-5
Ⅰ.①古… Ⅱ.①吴… Ⅲ.①中国历史-古代史-通
俗读物 Ⅳ.①K220.9
中国版本图书馆CIP数据核字(2020)第093024号

古人有意思

著 者：吴晗
出 版 人：▮▮ 封面设计：▮ ▮
责任编辑：▮ ▮ 选题策划：▮▮▮▮
出版发行：▮▮▮▮▮▮
地 址：北京市▮▮区▮▮▮▮▮▮▮ 邮政编码：▮▮▮▮▮▮
电 话：▮▮▮-▮▮▮▮▮▮（发行） ▮▮▮▮
传 真：▮▮▮-▮▮▮▮▮▮（总编室）
网 址：www.taimeng.org.cn▮▮▮▮▮▮▮▮
E-mail：thcbs▮▮126.com

经 销：全国各地新华书店
印 刷：河北盛世彩捷印刷有限公司
本书如有破损、缺页、装订错误，请与本社联系调换
开 本：880毫米×1230毫米 1/32
字 数：150千字 印 张：7.75
版 次：2020年6月第1版 印 次：2020年6月第1次印刷
书 号：ISBN 978-7-5168-2619-5
定 价：45.00元

版权所有 翻印必究

图4-15 《曦园拾零：在史学与文学之间》 图4-16 《古人有意思》版本记录页
版本记录页

图书在版编目（CIP）数据
领导干部的看家本领：哲学与领导智慧/石国亮著．—北京：▮▮▮
出版社，2014.3
ISBN 978-7-80168-886-6
Ⅰ.①领…
Ⅱ.①石…
Ⅲ.①哲学-干部教育-学习参考资料
Ⅳ.①B
中国版本图书馆CIP数据核字（2014）第044698号

责任编辑：曾 立 责任校对：张 珊
封面设计：阳 光

出版发行：▮▮▮▮出版社
地 址：北京市东城区▮▮▮北街3号 邮编：▮▮▮▮▮▮
电 话：▮▮▮▮▮▮▮▮（总编室） ▮▮▮-▮▮▮▮▮▮▮（发行部）
网 址：www.▮▮▮.com E-mail：▮▮▮▮@163.com
经 销 新华书店
印 刷 北京佳顺印务有限公司印刷
版 次 2014年4月第一版 2014年4月北京第一次印刷
规 格 710毫米×1000毫米 1/16
印 张 15印张
字 数 180千字
书 号 ISBN 978-7-80168-886-6
定 价 38.00元

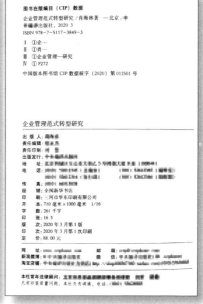

图书在版编目（CIP）数据
企业管理范式转型研究/肖海林著．—北京：中
▮▮▮▮出版社，2020.3
ISBN 978-7-5117-3849-3
Ⅰ.①企…
Ⅱ.①肖…
Ⅲ.①企业管理-研究
Ⅳ.①F272
中国版本图书馆CIP数据核字（2020）第012501号

企业管理范式转型研究

出 版 人：▮▮▮
责任编辑：▮▮▮
责任印制：▮ ▮
出版发行：中▮▮▮▮出版社
地 址：北京市▮▮区▮▮▮▮大街5号▮▮▮▮▮ 邮编：▮▮▮▮▮▮
电 话：▮▮▮▮▮▮▮▮（总编室） ▮▮▮▮▮▮▮▮（发行部）
传 真：▮▮▮▮▮▮▮▮
经 销：全国新华书店
印 刷：河北华石印刷有限公司
开 本：710毫米×1000毫米 1/16
字 数：261千字
印 张：16.5
版 次：2020年3月第1版
印 次：2020年3月第1次印刷
定 价：88.00元
网 址：www.crphdome.com 邮 箱：▮▮▮@crphdome.com
新浪微博：▮▮▮▮▮▮▮▮▮ 微 信：▮▮▮▮▮
淘宝店铺：▮▮▮▮▮▮▮▮▮

本社常年法律顾问：北京▮▮▮▮律师事务所 ▮▮ ▮▮
凡本书如有质量问题，本社负责调换，电话：▮▮▮-▮▮▮▮▮▮▮

图4-17 《领导干部的看家本领——哲学 图4-18 《企业管理范式转型研究》版本
与领导智慧》版本记录页 记录页

应比首行前出两格；②出版时间"2014.3"应为"2014.4"；③检索数据各类检索点应接排；④检索数据与其他注记之间应空行。版本记录的印刷发行记录中，应单设印次。印次不属于版次。见图4-17。

标准规定："第三部分是检索数据。其排印次序为：书名检索点、作者检索点、主题词、分类号，各类检索点用罗马数字加下圆点排序。各类之间留一个汉字空。除分类号外，同类检索点用阿拉伯数字圈码排序。"某类检索点只有一个时，其实无须再用阿拉伯数字圈码排序。

《企业管理范式转型研究》CIP中，出版社信息回行时应比首行前出两格。检索数据应接排。见图4-18。

5　中国标准书号

5.1　标准的制定

　　中国是世界上最早使用图书统一编号的国家之一。1956年2月，文化部出版局颁发《全国图书统一编号方案》（简称"全国统一书号"），并付诸实施。1972年曾经修订。全国统一书号由按照《中国人民大学图书馆图书分类法》确定的大类号、出版社代号和此出版社同类书的序号三部分组成。它在中国图书出版发行管理中发挥了重要的作用。

　　1966年11月，在柏林举行的第三届国际图书市场研究与图书贸易合理化会议上，首次讨论了制定一种国际通用的图书编号系统，为每一种出版物编制一个唯一的、简单的、国际通用的识别码的必要性与可行性问题。国际标准化组织信息文献工作技术委员会（ISO/TC46）为此专门成立了一个工作组，研究并制定国际标准。

　　1970年，国际标准ISO2108：1970《文献工作　国际标准书号》正式颁布。从此，世界出版业有了统一的国际通用的出版物识别编码，这就是国际标准书号（ISBN）。1972年在西柏林成立了该标准实施的管理机构：国际ISBN中心（International ISBN Agency）。随之建立起由国际ISBN中心、国家和地区ISBN中心以及出版者进行三级管理的国际标准书号管理系统。很快，ISBN在国际上获得了广泛应用。

　　中国1982年加入国际ISBN组织，成立了中国ISBN中心（China ISBN

Agency），设在国家新闻出版署内。

为了使得在中国注册的出版社所出版的每一种图书的每一个版本都有一个世界性的唯一标准识代码，使利用计算机或其他现代化技术进行图书的贸易管理和信息交换得到更高的效率和可靠性，并为图书的分类统计和销售陈列工作创造方便条件，1986 年 1 月 16 日发布了国家标准 GB/T 5795—1986《中国标准书号》。1987 年 1 月 1 日起实施。本版《中国标准书号》在等效采用《国际标准书号》的基础上，结合我国国情做了适当补充。而后，分别于 2002、2006 年进行修订，进一步与国际接轨。

中国标准书号在图书、音像制品和电子出版物上得到了广泛的应用。

GB/T 5795—2006《中国标准书号》附录"A.1.9"明确规定了中国标准书号适用的 11 个出版物种类。

同时，GB/T 5795—2006《中国标准书号》附录"A.1.10"根据《国际标准书号》的原则，规定了 10 个不适用中国标准书号的出版物种类。

新闻出版总署 2006 年 12 月 6 日新出图〔2006〕1253 号《关于实施新版〈中国标准书号〉国家标准的通知》规定：

《中国标准书号》国家标准（GB/T 5795—2006）规定的不适用中国标准书号的下列四类出版物，将继续使用"全国统一书号"：

1. 暂时性印刷材料，年画、年历画、挂历、台历、明信片等；

2. 无书名页和正文的美术印刷品及美术折页纸张；

3. 各级技术标准文献；

4. 活页乐谱。

随着中国标准书号的推广使用，1991 年 5 月 17 日颁布了国家标准 GB/T 12906—1991《中国标准书号（ISBN 部分）条码》，1992 年 1 月 1 日实施。而后，分别于 2001、2008 年进行了修订，进一步与国际接轨。

5.2 中国标准书号的结构

国家标准 GB/T 5795《中国标准书号》先后有 1986、2002、2006 年三个版本。

GB/T 5795—1986《中国标准书号》规定："一个中国标准书号由一个国际标准书号和一个图书分类——种次号两部分组成。"其中的国际标准书号部分，包括组号、出版社号、书序号、和校验码四段，十位数字，按照国际标准化组织提出的国际标准 ISO 2108：1978《文献工作——国际标准书号（ISBN）》确定的方法编制，由出版社在国家标准书号中心分配的范围内确定。图书分类——种次号中的图书分类号，按照《中国图书馆图书分类法》的基本大类给出。种次号则为同一出版社所出版的同一类不同图书的流水编号。图书分类——种次号由出版社自行给出。

2002 年 1 月 4 日，国家质量监督检验检疫总局批准发布 GB/T 5795—2002《中国标准书号》。这一版标准规定"采用国际标准书号作为中国标准书号"。在标准《前言》中明确指出："这次修订的主要内容是删除了 GB/T 5795—1986 中的'分类及分类种次号'部分。"这既可避免原来图书分类的混乱，更是使图书编号方法彻底与国际接轨，是出版物格式标准化的重要举措。

2005 年第 4 版的 ISO 2108：2005《信息与文献——国际标准书号（ISBN）》出台，取代 1992 年的第 3 版。这个版本进行了广泛的修改。它通过升位提高了系统的编号能力，协调了 ISBN 与 EAN·UCC 代码系统的关系，规定了在 ISBN 申报时就应提供的元数据，制订了系统管理和控制的规则，并指定了执行本标准的组区中心。新国际标准书号在原有编码之前增加了 3 位 EAN·UCC 前缀，由 10 位升为 13 位，包括 5 个部分，即 EAN·UCC 前缀、组号、出版者号、书名号、校验码。校验码的计算方法也有改变。

与此相应，GB/T 5795—2006《中国标准书号》规定：中国标准书号由标识符"ISBN"和 13 位数字组成。其中 13 位数字分为以下五部分：1）EAN·UCC 前缀；2）组区号；3）出版者号；4）出版序号；5）校验码。

与 2002 年版标准相比可以看到，新的中国标准书号仍与国际标准书号完全相同。书号开头增加了 EAN·UCC 前缀，总位数由 10 位升为 13 位。2007 年 1 月 1 日开始使用 13 位的中国标准书号。

5.3 中国标准书号使用的错误

GB/T 5795—2002《中国标准书号》于 2002 年 8 月 1 日起实施。然而，由于标准修订发布后宣贯工作没有跟上，在三年多之后的 2005 年底，笔者进行调研时发现，还有约一半图书仍在使用带有分类种次号的 1986 年式的书号。

据了解，仍然使用分类种次号的出版社的理由是"为了退税的需要"。

确实，按照财政部、国家税务总局 2001 年财税 [2001]88 号文《关于出版物和电影拷贝增值税及电影发行营业税政策的通知》精神，退税确实是与书号的分类种次号有关的。不过，在 GB/T 5795—2002《中国标准书号》发布之后，财政部、国家税务总局又在 2003 年发出了财税〔2003〕90 号文《关于出版物增值税和营业税政策的补充通知》，对有关办法做了调整。规定退税改以图书在版编目数据中的分类为依据，不再以分类种次号为准。所以不执行 GB/T 5795—2002《中国标准书号》的理由并不成立。

GB/T 5795—2006《中国标准书号》再次规定的新的中国标准书号与国际标准书号完全相同。书号开头增加了 EAN·UCC 前缀，总位数由 10 位升为 13 位。2007 年 1 月 1 日开始使用 13 位中国标准书号。按说 13 位中国标准书号跟分类——种次号毫无关系了。然而还是有些出版社给 13 位书号后面加上分类种次号，这无疑纯属画蛇添足。

2011 年初，参与中国出版政府奖初评入围图书编校质量检查时发现，百余种里仍有数十种使用带有分类种次号的中国标准书号。

至今，这种现象也没有绝迹。

《播音主持艺术入门训练手册》版本记录中，书号被赘了"G·2598"，与 CIP 中书号不同。见图 5-1。

《信用保险学》CIP 中的国际标准书号被赘了"F·3518"。此处犯错的还比较少见。见图 5-2。

《2019 年〈咬文嚼字〉合订本》CIP 中，出版时间缺月份。版本记录中，印次混在版次之下；书号多了尾巴"H.064"。见图 5-3。

还需要就本书书号名称做一点讨论。大家知道，我们曾经用过"统一书号"，现在用的则是"中国标准书号"，英文

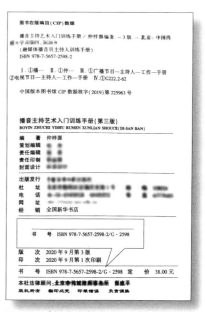

图 5-1 《播音主持艺术入门训练手册》版本记录页

图 5-2 《信用保险学》版本记录页

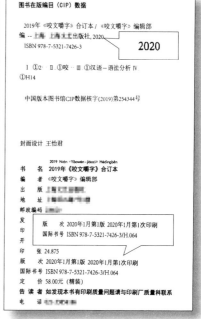

图 5-3 《2019 年〈咬文嚼字〉合订本》版本记录页

China standard book numbering，缩写本来是 CSBN。实际上，大家平时都说 ISBN，那是 international standard book numbering 的缩写，中文译名是"国际标准书号"。因为国家标准规定"采用国际标准书号作为中国标准书号"，所以我们日常才有中国标准书号 ISBN 的说法，也可以说国际标准书号 ISBN。显然，"国际书号"的叫法是不妥当的。

5.4 "一号多用"问题

一个需要特别注意的规则是，一个中国标准书号只能用于一种出版物的一个版本，不可"一号多用"。这是历来不断强调的规则。

GB/T 5795—1986《中国标准书号》确认"本标准的目的在于使在中国注册的出版社所出版的每一种图书的每一个版本都有一个世界性的唯一标识代码"。

GB/T 5795—2002《中国标准书号》A2 规定："出版者应为出版的每一种图书分配一个书名号。书名号必须顺序使用，不得将一个书名号分配给两种或两种以上的图书。"

GB/T 5795—2006《中国标准书号》"5 中国标准书号的分配"规定：

5.3 一个中国标准书号在任何情况下均不能改变、替换或重复使用。

5.4 各出版者出版发行的每一出版物单行本均应使用不同的中国标准书号。内容相同而语种不同的出版物也应使用不同的中国标准书号。

5.5 同一出版物的不同产品形式（例如精装本、平装本、盲文版、录音带、视频、在线电子出版物等）均应使用不同的中国标准书号。已经出版且单独制作、发行的电子出版物的不同格式（例如".lit"，".pdf"，".html"，以及".pdb"等）均应使用不同的中国标准书号。

5.6 出版物的任何部分有较大改动，形成新的版本时，应分配新的中国标准书号；出版物内容相同题名更改的，应分配新的中国标准书号；版本、形式或者出版者毫无变化的重新印刷或复制的出版物，不分配新的中国标准书号。仅仅是定价改变或者诸如修正打印错误等细微变化的重新印刷或复制的出版物，也不分配新的中国标准书号。

以上规定实际是针对现实中时有所见的"一号多用"现象的。
1994 年 11 月 14 日新闻出版署曾发布《关于禁止中国标准书号"一号多用"的规定》，指出：

近几年来，少数出版社未按照中国标准书号使用的有关规定使用书号，出现了一个书号多次使用，即"一号多用"的问题。特别是今年下半年新闻出版署对各出版社的书号总量进行核定后，有些出版社为了多出书，"一号多用"问题更为突出。"一号多用"主要有二种表现：一是多种图书使用同一个书号，即"一号多书"；二是多卷本的丛套书（含上、中、下册图书）在每分卷册分别定价的情况下，全套书使用一个书号。

"一号多用"不仅违反了书号使用的规定，而且还给图书的出版管理、销售和馆藏造成了混乱。为了加强图书出版的管理，现重申并补充有关中国标准书号的使用规定：

一、对每一种不同形式的图书应分别使用一个 ISBN 编号。以下情况应单独使用书号：

1. 同一种图书的不同装帧形式（精装、平装等）；
2. 同一种图书的不相同版本（修订版、年度版）；
3. 相同内容的不同开本图书；
4. 相同内容的不同文字类别的图书。

二、多卷本的丛套书（含上、中、下册图书）的 ISBN 编号应根据定价，即：丛套书的每分卷册分别定价，可分册销售，每分卷册应分别给予 ISBN 编号，分别统计品种；若全套书的各分卷册不分别定价，全套只有一个总定价，不能分册销售，可作为一个品种分配一个 ISBN 编号。

三、重印或再版没有 ISBN 编号的库存图书，必须补编 ISBN 编号。

然而，之后"一号多用"的现象并未绝迹。

1995 年 9 月出版的中国 ×× 出版社《金蔷薇随笔文丛》（第二辑），包含十册书：《我的年轮》（萧乾）、《花椒红了》（梅志）、《苦瓜的味道》（李锐）、《你，可爱的艺术》（黄宗江）、《历史的踌躇》（孙越生）、《未了斋杂碎》（袁鹰）、《有戏没戏》（舒展）、《诸神下凡》（王蒙）、《秋天的情绪》（舒婷）、《乘火车旅行》（王安忆）。每册都设版本记录页，图书在版编目（CIP）数据中载有第二辑的 ISBN7-80120-019-5，版本记录下部又载有 ISBN7-80074-884-7/I·329。如果说这是一个出版社的一种书，却出现两个不同的中国标准书号，自然有点奇怪。麻烦的问题是，在标注第二辑"定价：72.00 元（全十册）"的同时，还标注有"每册定价：7.20 元"。也就是说，可以单册销售，这就是十种书。然而各单册并没有各自不同的中国标准书号。说起来，应属违规。

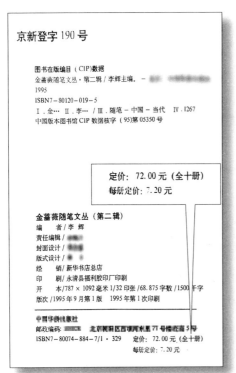

图 5-4 《金蔷薇随笔文丛》（第二辑）版本记录页

在《金蔷薇随笔文丛》（第二辑）这个版本记录页中，还有一些毛病：CIP 中，图书在版编目数据标题、著录数据、检索数据、其他注记各部分之间无空行；出版时间缺月份。版本记录中，开本数据缺一个单位；印次混在版次之下；书号多了尾巴"I·329"。见图 5-4。

2001 年 6 月 13 日新闻出版总署下发《关于重申禁止中国标准书号"一号多用"规定的通知》，除重申前述各项外，特别强调"各出版单位不得以任何形式，用书号变相出版期刊；凡属刊物，必须按规定申报，经过批准才能出版"。对违反规定"一号多用"出书的出版单位，除核减其"一号多用"的书号量外，还要加罚一倍。对违反规定以书号出刊（即以书代刊）的出版单位，凡每出一个品种，即扣除该出版单位全年书号总量的 10%，依此累积计算。对"一号多用"量特别严重者，将给予停发书号的处罚。

2009 年新闻出版总署发布《书号实名申领管理办法（试行）》，决定实行书号实名申领办法，强调"坚决禁止买卖书号、'一号多用'行为"，"按书稿实名申领书号，有关部门见稿给号，一书一号"。

2012 年仍有南方日报报道《书单目录难寻 一号多书仍在》，指出"一号多书至今普遍存在"，记者连续走访了几家主营中小学教辅材料的书店，发现仍然存在一号多用现象：几本书名完全不同的少儿画册共用一个书号、一年级到六年级的小学教辅六本书共用书号。[①]

2019 年 1 月出版的《北堂沉吟集》8 册，出版社在打"擦边球"。"定价：180.00 元（全 8 册）"，ISBN 978-7-5126-6900-0。一个定价一个书号，看起来是符合规定要求的。然而在国家图书馆北区综合阅览室的书架上，8 册被分别放置：《秋天的旗帜》（王文福）摆在"诗歌、韵文"类，《与逆》（潘幸泉）、《我的生命不能没有你》（茹喜斌）、《旺苍：那一地芳华》（中共旺苍县委宣传部，旺苍县作家协会）、《新瘦词》（蒋荣贵）摆在"散文"类，《年年秋叶红》（张广星）、《痴女人趣事》（齐传英）摆在"小说"类。显然，对于图书管理员和读者来说，这 8 册就是 8 种不同的书。用同一个书号，若检索起来，恐怕难免出现混乱。见图 5-5、图 5-6。

问题在于，8 册书，各有版本记录页。在 8 个图书在版编目（CIP）数据中，书名分别是 8 册之中一本书的书名，中国标准书号则是同一个——这就不对了，那仅有的一个书号只能属于整个丛书"全 8 册"，不能分别属于各册书。现在的样子，不还是"一号多用"吗？

---

① 魏金锋.书单目录难寻 一号多书仍在［N/OL］.南方日报,（2012-09-28）［2019-12-16］. http://news.ifeng.com/gundong/detail_2012_09/28/17977886_0.shtml.

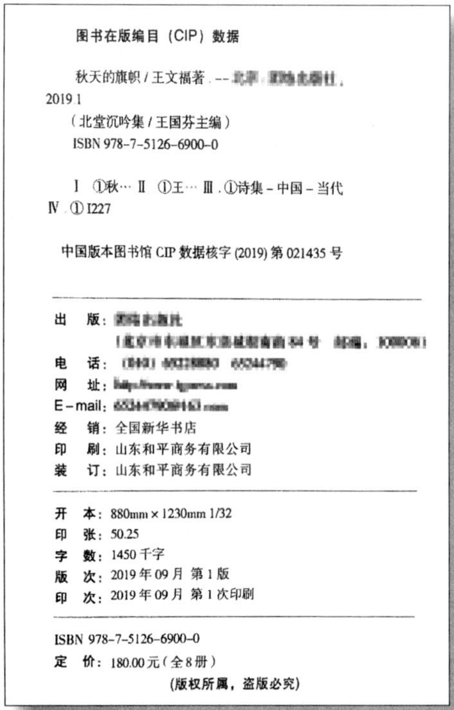

图书在版编目（CIP）数据

秋天的旗帜 / 王文福著. -- 北京：██████████，
2019.1
（北堂沉吟集 / 王国芬主编）
ISBN 978-7-5126-6900-0

Ⅰ.①秋… Ⅱ.①王… Ⅲ.①诗集 – 中国 – 当代
Ⅳ.①I227

中国版本图书馆 CIP 数据核字 (2019) 第 021435 号

出　版：██████████
　　　　█████████████████████　邮编：██████
电　话：█████ ███████ ████████
网　址：http://www.█████.com
E-mail：█████████@██.com
经　销：全国新华书店
印　刷：山东和平商务有限公司
装　订：山东和平商务有限公司

开　本：880mm×1230mm 1/32
印　张：50.25
字　数：1450 千字
版　次：2019 年 09 月　第 1 版
印　次：2019 年 09 月　第 1 次印刷

ISBN 978-7-5126-6900-0
定　价：180.00 元（全 8 册）
（版权所属，盗版必究）

图 5–5　《秋天的旗帜》版本记录页

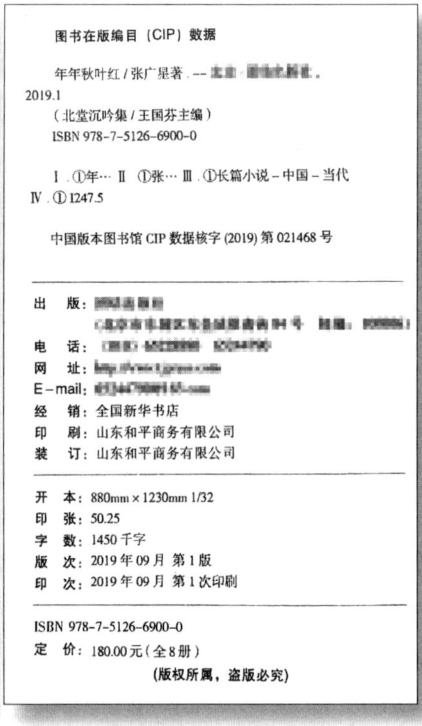

图书在版编目（CIP）数据

年年秋叶红 / 张广是著. -- 北京：██████████，
2019.1
（北堂沉吟集 / 王国芬主编）
ISBN 978-7-5126-6900-0

Ⅰ.①年… Ⅱ.①张… Ⅲ.①长篇小说 – 中国 – 当代
Ⅳ.①I247.5

中国版本图书馆 CIP 数据核字 (2019) 第 021468 号

出　版：██████████
　　　　██████████████████████ 号　邮编：██████
电　话：█████ ███████ ████████
网　址：http://www.█████.com
E-mail：███████@██.com
经　销：全国新华书店
印　刷：山东和平商务有限公司
装　订：山东和平商务有限公司

开　本：880mm×1230mm 1/32
印　张：50.25
字　数：1450 千字
版　次：2019 年 09 月　第 1 版
印　次：2019 年 09 月　第 1 次印刷

ISBN 978-7-5126-6900-0
定　价：180.00 元（全 8 册）
（版权所属，盗版必究）

图 5–6　《年年秋叶红》版本记录页

6　内容简介

内容简介亦称"内容提要""内容说明"。一般印在封面的前勒口或护封上，有的印在底封上，也有的在版本记录页或在目录前单列一页印刷。可以提示本书内容、介绍成书背景，给出评价等，便于读者了解选购。

内容简介通常由责任编辑撰写。因版面有限，内容简介篇幅短小，字数一般 200 字左右。好的简介字数不能过多。

简介的内容，不可能面面俱到，只能突出特色，或从某一角度撰写。要求简洁、扼要、准确。

选择哪一种写法，关键是要紧扣图书内容，抓住最能让读者产生阅读兴趣的一点，能够把读者吸引到图书的内容上来。

有人将内容简介分为提要型和评价型两类。实际上提要和评价都是内容简介的基本内容，只是不同的内容简介侧重不同。有特定读者对象的图书，内容简介对读者对象做出交代也是必要的。而对一些文艺作品来说，提要、评价和读者对象又似乎都变得不很重要了。

有人认为："'内容提要'没有固定的格式，大致可分为评论型、说明型和梗概型三种类型。"[1]

也有论者认为："内容提要共包含七种类型，即梗概型、鉴定型、评介型、推荐型、悬念型、要点型和摘要型。"[2]所说类型之间实际多有重叠。

---

[1]　张增顺，彭松建主编.编辑应用文写作手册 [M].北京：中国标准出版社，2012：15.

[2]　金强，孟春石.图书辅文编写存在的问题及解决对策：基于对 1000 种图书的辅文调查 [J].出版科学，2010（6）.

笔者认为，内容简介的主要类型是提要型、评价型、说明型和悬念型。几种类型的划分并不是绝对的，实际的内容简介往往是复合的。

6.1 提要型

提要型亦称"梗概型""摘要型"。学术著作常用内容提要反映学术内容、创新之处，研究和实用价值；文学作品则可以用极简单的线条勾勒故事的轮廓。

《细说民国大文人》内容提要以提示内容为主，兼有市场反响的说明。见图 6-1。

图 6-1 《细说民国大文人》面封和内容简介

6.2 评价型

评价型亦称"评论型""鉴定型"。着重对作品的学术文化价值和社会影响做出鉴定、评价。撰写时须注意客观公正、符合实际。

《吾国与吾民》内容简介重点介绍对书的评价，兼及书籍流传盛况的介绍。见图6-2。

图6-2 《吾国与吾民》面封和内容简介

6.3 说明型

说明型着重说明作品有关情况，如作者写作缘由背景，汇编、选编思路等。不表达观点，只做客观介绍。常用于普及读物及其汇编本、选编本。

图6-3 《王云五评传》面封和内容简介

　　《王云五评传》内容简介用不到200字的篇幅，全面、客观地说明了传主的人生，即书的内容，交代了写作思路。见图6-3。

6.4　悬念型

　　悬念型常用于文艺作品，特别是小说。悬念型内容简介可点出人物，抛出悬念，引出故事冲突。科普作品的内容简介也常用抛出疑问，设置悬念的写法。

　　《黑攻》内容简介以悬念切入，揭示了书的内容。见图6-4。

　　有时也会见到偏离于本书内容的内容简介。

　　《最好的医生是养生》从书名和目录看是介绍各种养生方法的。而这篇内容简介写"面对各种疾病，我们无能、无助、无知"，写"养生"一词最

一起突发的矿难，一位多年的上访者，一封打印的举报信，一组神秘的数据……牵出了一张围绕在法院周围的层层叠叠的巨大关系网，牵出了法院内部惊心动魄的权力之争，牵出了司法腐败下访民的无奈与辛酸，牵出了一场情与法、正义与邪恶的殊死较量！

书稿揭露了法院系统一些人披着法律的外衣，在血雨腥风的矿难中，在保护犯罪分子利益之时是如何把自己"炼就"成腐败分子的。

书稿揭露了法院系统一些人打着保护的旗号，在冠冕堂皇的执行中，在吃了原告吃被告之时是如何把国有资产据为己有的。

书稿揭露了法院系统一些人喊着公平的口号，在仕途升迁中，在领导班子换届之时是如何迫害打击竞争对手的。

图6-4 《黑攻》面封和勒口内容简介

□内容简介

面对各种疾病，我们无能、无助、无知，总是寄希望于价廉灵加妙药的问世，者希望于先进的医疗手段，或是四处寻找名医。然而，药物能治病，也能致病。名医能妙手回春，却不能包治百病。尽管医疗技术不断进步，对于很多疑难杂症和慢性疾病，现代医药和先进的医疗技术同样无能为力。事实上，求医不如求己，自我养生才是真正的健康之道，也是获得健康的最佳途径。中医认为，"圣人治未病不治已病"，"治病莫如防病，防病必须养生，养生方能长寿"。

"养生"一词最早见于《庄子·内篇》，是通过各种方法颐养生命、增强体质、预防疾病，从而延年益寿的一种医事活动。中医认为，人体本身蕴含着强大的自愈潜能，包括对外界环境的适应力、对损伤组织的修复力，以及对各种疾病的抵抗力、免疫力等。通过养生来防治疾病，依靠的正是人体的自愈力。自愈力体现了中医治病的一个指导思想：三分治、七分养。中医不主张过分依赖药物，认为药物是依赖某一方面的偏性来调动人体元气，帮助身体恢复健康，但元气是有限的，如果总是透支，总有一天会用完，元气没有了，再好的药也没用了。可惜的是，现代人动不动就打针吃药，致使自愈力根本发挥不了作用，慢慢地人体抗病能力就下降了。

图6-5 《最好的医生是养生》面封和内容简介

早见于哪里，写"中医认为，人体本身蕴含着强大的自愈潜能"，等等，却只字不提书里写的是什么。写得像科普文章，像论说文，偏偏不像内容简介。恐怕得评价为冗长，离题，"不靠谱"。见图6-5。

7 作者简介

作者简介是对作者的身份、生平和成就等的简要说明。也称"作者小传"。它一般印在封面的前勒口、护封或后勒口上，也有印在底封或在扉页后单列一页印刷的。

简介要"简"。字数通常一二百字。

作者简介必须材料真实准确，评介客观得当。不能滥用"著名""杰出""享誉世界"一类的评语，不能乱戴"大师""创始人""××之父"之类的头衔。而材料的选择和表述与作品的性质、风格协调，无疑是高明的写法。

作者简介与内容简介有一点类似：风格多样，阅读效果也有高下之分，但很难说有对错之别。在各种评奖图书、推荐图书和年检图书的质量检查中，这都是必查项目，但实际计错的较少。

作者简介可按写作风格分为严肃型和活泼型。

7.1 严肃型

严肃型作者简介常用于学术作品。包括姓名、笔名、年龄、籍贯、学历、经历、职务、职称、代表作品、获奖情况等项内容，一般不加评价。

《王安石传》作者梁启超简介文字只有约200字，但内容全面完整、充实。见图7-1。

《父亲长长的一生》作者简介水分有点多。何须那么多"著名""优秀""××奖"呢？见图7-2。

图7-1 《王安石传》面封和作者简介

图7-2 《父亲长长的一生》面封和作者简介

7.2 活泼型

活泼型作者简介常用于文艺、生活类作品。与作品风格协调，或展示作者的风趣幽默。有些别具一格的作者简介，读来令人莞尔。

我们知道，《孩子你慢慢来》的作者龙应台是美国堪萨斯州立大学博士，曾任台湾文化事务主管部门管理人员，香港大学教授，著作等身。本简介只有100多字，省略了一些通常人们认为耀眼的头衔，突出了与本书主题切近的信息，堪称作者简介的佳作。见图7-3。

《十八岁出门吃饭》作者简介诙谐幽默，只有百余字，而要点突出。见图7-4。

图7-3 《孩子你慢慢来》面封和作者简介

巩高峰

专栏作者，靠谱青年。

著有短篇小说集《一种美味》《父亲的黑鱼》，"再见了，青春"系列——《一觉睡到小时候》《把世界搞好啊，少年》《十八岁出门吃饭》。

因短篇小说《一种美味》入选 2017 年高考语文试卷，以"草鱼"和"诡异的光"走红网络，网友昵称"鱼叔"。

撩鱼叔，去新浪微博 @ 巩高峰

微信公众号

图 7–4 《十八岁出门吃饭》面封和作者简介

8　出版说明

出版说明通常是从出版社角度向读者交代或说明有关该出版物情况的文字。也称"出版前言""编辑说明"。有时汇编作品的编者在书前所作的"选编说明""编纂说明"也叫"出版说明"。出版说明有助于读者更好地理解图书的内容。

出版说明通常印在文集、选集、文件资料汇编、翻印古籍或外国学术著作中译本的正文之前。

8.1　内容

出版说明一般包括以下几方面的内容。

（1）出版目的。从出版单位的角度，说明为什么要出版本图书。即揭示图书的价值所在，如内容的独到、版本的珍稀、写法的特色等。

（2）图书的内容。作品创作出版过程、内容概要、编撰体例、主要特色等。涉及选编的作品，常谈及选文标准、版本源流、内容搜集、整理过程、著作价值、编审要略等。

（3）作者介绍。介绍作者的成就和影响对于读者理解图书的内容会有帮助。

（4）对图书内容的保留。有时出版单位对图书的内容有某些保留，要提请读者注意（原作的立场、观点、论据等），可在出版说明申明。

在图书无序言、跋或凡例时，出版说明亦可涵盖其有关内容。

8.2 写法

出版说明篇幅宜短不宜长，应力求精练。

代表出版单位说话，要出言平实中肯，不宜轻言褒贬。

出版者所加的出版说明与由编选者撰写的"编选说明""编辑说明"或著作者撰写的"体例说明""内容说明""用法说明"须注意区分。

《我是编辑》的"出版说明"介绍了出版社与作者的关系，介绍了书的缘起和命名缘由，言简意赅，发人深思。见图 8-1。

出 版 说 明

叶至善先生今年八十岁了。他是中国少年儿童出版社的首任社长兼总编辑。我社请他编一本集子，他花了一个半月，赶编了这本《我是编辑》。

叶至善先生从小受到父亲叶圣陶的教诲，在父亲的言传身教下，在他五十余年的编辑生涯中，不但积累了丰富的出书办刊经验，而且熟悉全套的编辑业务。《我是编辑》专收近二十年来，他从事编写的有关文章一百篇，如实反映了他的编辑工作。这本集子按写作或发表的先后排列。

叶至善先生是编辑，又是作家。可是他常常只承认自己是编辑，不承认自己是作家。他珍惜编辑这个头衔，而且引以自豪。为此，这本集子取书名叫《我是编辑》。

中国少年儿童出版社
1998 年 2 月

图 8-1 《我是编辑》出版说明

9　书前题词

书前题词又称"卷首题词"。依文字内容的不同，又可分为口号页文字、呈献页文字、题词页文字等几类。

9.1　口号页

1847 年 11 月 29 日至 12 月 8 日共产主义者同盟召开第二次代表大会期间，卡尔·马克思、弗里德里希·恩格斯受大会委托起草同盟新的纲领。起草完成的无产阶级政党的第一部纲领性文献——《共产党宣言》的结尾是一句令世界震撼的口号："全世界无产者，联合起来！"

随后，重要的马克思主义文献，会把这句口号标注在扉页之前，形成口号页。例如：《马克思恩格斯选集》（北京：人民出版社，2012）、《列宁选集》（北京：人民出版社，2012）、《1844 年经济学哲学手稿》（马克思，北京：人民出版社，2014）、《进一步，退两步》（列宁，北京：人民出版社，2018）等。见图 9-1、图 9-2。

中国共产党领导人著作设置这一口号页的有：《毛泽东选集》（人民出版社，1951）、《刘少奇选集》（人民出版社，1981）、《朱德选集》（人民出版社，1983）、《周恩来选集》（人民出版社，1984）、《邓小平文选》（人民出版社，1989）、《李先念文选》（人民出版社，1989）、《江泽民文选》（人民出版社，2006）、《胡锦涛文选》（人民出版社，2016）等。

图 9-1 《共产党宣言》（苏联外国文书籍出版局印行，1950）口号页和扉页

图 9-2 《论住宅问题》（人民出版社）口号页和扉页

9.2 呈献页

献词通常是作者向他人表示敬意或谢意的话语，有时用来表达某种愿望。

《大国工匠》有腰封宣示"致敬平凡而伟大的劳动者　献礼中华人民共和国成立 70 周年"等。呈献页文字为："致敬所有在平凡岗位上默默奉献的劳动者！"见图 9-3。

图 9-3 《大国工匠》面封和呈献页

9.3 题词页

题词往往是名人或朋友对著作出版表示祝贺的话语。

明代徐师曾在《文体明辨序说·题名》中对题名的要求是"叙事欲简而赡，其秉笔欲健而严"，此处"题名"即题词。也就是说，题词写作要做到：

叙事简短充实，语言严谨有力。这对现代题词也仍然适用。

《环境中的镉》题词，简明地揭示了主题。见图9-4。

图9-4 《环境中的镉》面封和题词页

有时作者选用格言或警句，用以揭示主题。这种题词通常不写引自何处，但标明题词作者。

杨绛选用她翻译的英国诗人蓝德晚年写的一首小诗《生与死》作为题词，表达了自己的心情。见图9-5。

当然，题词的作者也可以就是图书的作者本人。

《我是编辑》题词页题词：

　　［蝶恋花］乐在其中无处躲。订史删诗，元是圣人做。神见添毫添足巨，点睛龙起点腮破。信手丹黄宁复可？难得心安，怎解眉间锁。句酌字斟还未妥，案头积稿又成垛。

　　　　　　　　　　　　　　　　　　　　　　　至善求正

叶至善著《我是编辑》的题词《蝶恋花》可谓该书的点睛之笔。见图9-6。

图 9-5 《杨绛散文》面封和题词页

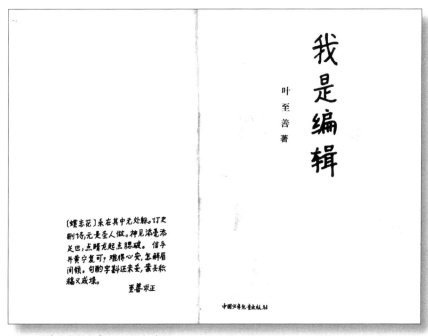

图 9-6 《我是编辑》题词页与扉页

10　序

　　序和前言也统称"序言"，是置于正文前的（亦有置于正文后的）介绍写作背景和作品内容的独立文章。序亦称"叙"，前言亦称"引言""前记""写在前面"等。

　　明代吴讷说："序之体，始于《诗》之《大序》，首言六义，次言风、雅之变，又次言《二南》王化之自。其言次第有序，故谓之序也。"[①]汉代司马迁《史记·太史公自序》、班固《汉书叙》、许慎《说文解字序》、王逸《楚辞章句序》、郑玄《诗谱序》，晋代杜预《春秋左氏经传集解序》、王羲之《兰亭集序》等都很著名。

　　序与前言的内容和要素基本相同，但在习惯上序多用于学术价值、文化内涵较高的作品，而前言多用于教材和演绎作品。

　　序的长短不限，重要的是必须言之有物，盲目的自赏或廉价的吹捧是自序或他序撰写的大忌。

　　再版书的前言最好指明版次。《管理学基础》（第二版）列有《前言》《第一版前言》。其中《前言》实为《再版前言》。

　　序可以分为自序、他序、代序、原序、译序、总序、修订版序、第 × 版序等。

---

① （明）吴讷. 文章辨体序说 [M]. 北京：人民文学出版社，1962：42.

10.1 自序

　　自序由作者自己撰写。内容一般包括该书的创作意图、基本内容、编撰体例、写作背景、资料来源、撰稿过程、主要特点、存在问题、读者对象以及作者的写作分工、所获帮助等，都是不宜写入正文而又有必要向读者交代清楚的事项。

　　《聊斋志异·自序》，也有版本作《聊斋自志》。短短数百字，把写作《聊斋志异》的因缘和心境交代得一清二楚。文笔绮丽诡异，情词凄切，贫困、孤愤的身影跃然纸上，令人感叹。见图 10-1。

自　序

　　披萝带荔，三闾氏感而为《骚》；牛鬼蛇神，长爪郎吟而成癖。自鸣天籁，不择好音，有由然矣。松，落落秋萤之火，魑魅争光；逐逐野马之尘，罔两见笑。才非干宝，雅爱搜神；情类黄州，喜人谈鬼。闻则命笔，遂以成编。久之，四方同人，又以邮简相寄，因而物以好聚，所积益夥。甚者：人非化外，事或奇于断发之乡；睫在眼前，怪有过于飞头之国。遄飞逸兴，狂固难辞；永托旷怀，痴且不讳。展如之人，得毋向我胡卢耶？然五父衢头，或涉滥听；而三生石上，颇悟前因。放纵之言，有未可概以人废者。

　　松悬弧时，先大人梦一病瘠瞿昙，偏袒入室，药膏如钱，圆粘乳际。寤而松生，果符墨志。且也：少羸多病，长命不犹。门庭之凄寂，则冷淡如僧；笔墨之耕耘，则萧条似钵。每搔头自念：勿亦面壁人果是吾前身耶？盖有漏根因，未结人天之果；而随风荡堕，竟成藩溷之花。茫茫六道，何可谓无其理哉！独是子夜荧荧，灯昏欲蕊；萧斋瑟瑟，案冷疑冰。集腋为裘，妄续幽冥之录；浮白载笔，仅成孤愤之书。寄托如此，亦足悲矣！嗟乎！惊霜寒雀，抱树无温；吊月秋虫，偎阑自热。知我者，其在青林黑塞间乎！

　　　　　　　　　　　　　　　　　　康熙己未春日，柳泉自题

图 10-1 《聊斋志异·自序》

10.2 他序

他序是由作者约请师长、专家、朋友撰写的序。署为“序”即可。他序可以不止一篇，内容一般包括作者介绍，对作品的分析、价值评判以及就某些问题所做的深入探讨等。

如果自序与他序同时存在，应将他序放在自序之前，以示对他序作者的尊重。

《〈孤高求败：阿尔法GO60局精彩绝招详解〉序》中，作为围棋界名宿，聂卫平高屋建瓴，评说了围棋人机大战的意义和对策，对年轻的作者亦有热情而分寸感十足的褒奖、推介。见图10-2。

序　○聂卫平

历时两年的人机大战，在社会各界引起了巨大的反响。很多人从对围棋毫不知晓，到频频讨论人机大战，这是多少围棋推广工作期望达到的效果。人机大战，是对围棋的挑战，更是棋界难得的历史机遇。

从围棋技术上来讲，现在我们不能停留在与人工智能争胜负的阶段，哪怕我们偶尔赢了人工智能也不能说明什么，因为最终机器会在围棋技术上取得压倒性的优势。最和谐的状态，应该是将人工智能为我们所用，最直接的是运用人工智能来学习，实现人类围棋技术的大突破。

我们绝不能因为人工智能压倒性的优势而悲观甚至否定围棋。围棋的魅力已历经千古，而今又焕发出新的生机与活力。艺无国界，围棋是我们与世界各国人民甚至机器沟通的桥梁，能有这座桥梁，我们何其有幸。

祥云是一个非常有心的女棋手，不仅比赛成绩不俗，讲棋的水平也在不断提高。面对AlphaGo，每个职业棋手都很震惊，都有很多感触，而祥云可以将她的理解与感受写就成书，在年轻一代里实属难得。

“世界是你们的，也是我们的，但是归根结底是你们的。”年轻人，能立身，更能立言；有担当，更敢于担当，为她高兴！

图10-2《孤高求败：阿尔法GO60局精彩绝招详解》（王祥云.山西人民出版社，2018）序

10.3　代序

代序通常是被作者选用来代替序言的某篇文章。代序，只有在没有自序和他序时才会用到。

偶见以评论辑录作为代序的。"代序"两字放在该篇文章标题后的括号内即可。

见图 10-3、图 10-4。

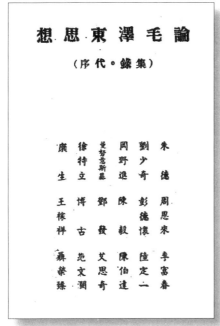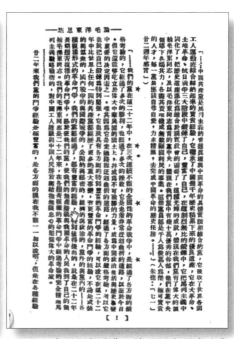

图 10-3 《毛泽东选集·论毛泽东思想（集　　图 10-4 《毛泽东选集·论毛泽东思想（集
录·代序）》（苏中出版社，1945）书影一　　录·代序）》（苏中出版社，1945）书影二

10.4　原序

原序指的是原著作者的序。一般只存在于引进版图书或编选图书中。

10.5　译序

译序是译者撰写的序。一般也只存在于引进版图书中，除了说明翻译缘由、翻译过程、翻译分工的文字之外，也可以介绍原作者的基本情况、创作意图、写作背景以及作品的基本内容及其分析、价值评判等。

如果译序与原序同时存在，译序应放在原序之前，以示译序介绍的是包括原序在内的作品整体。

10.6　总序

总序通常用于丛书，又称"丛书序"。有总序时，单本书仍可另外有序。此时总序须放在单本书序之前。

10.7　修订版序

修订版序或第 × 版序只在该书出修订版（不是重印）时才存在。一般是因新版中对原来内容有了补充，或对原来观点有了修正，需要在新序中加以说明。

如新序与旧序同时存在，旧序应标明版别（如"初版序"），新序也最好标明版别。新序宜放在旧序之前，以示新序介绍的是包括旧序在内的作品整体以及其中包含的变化、发展。

11　凡例

　　凡例是为方便读者而撰写的介绍图书内容、编纂体例、使用方法的说明性文字。凡例亦称"发凡""例言",或称"编排说明"。一般置于目录之后、正文之前。通常由作者或编辑在图书编纂之初拟定。

　　凡例源于晋杜预《春秋左氏经传集解序》"其发凡以言例"之句。《左传》中有 50 处言"凡"者,来说明《春秋》在行文属辞上的规律。如《左传》隐公九年云:

　　　　凡雨自三日以往为霖,平地尺为大雪。

　　发凡言例,就是总括相似之物,说明其共性;凡例,简而言之,就是相类之物的共性;得其凡例,则同类者可推而知之。

　　杜预所言"发凡以言例"是指《左传》将《春秋》行文特点一一概括出来,显示孔子编定《春秋》时编写各类历史事件的书写规律。故后世图书凡例多指编撰者遵循的各种原则、规范或方法,包括作者意图、选录标准、编排体例、资料来源、遣词用字、符号使用等。唐代以后,图书编撰者常将本书编例列专文进行说明,以"凡例"冠名。

　　唐刘知几《史通·序例》云:"夫史之有例,犹国之有法。无法,则上下靡定;史无例,则是非莫准。"

　　《辞海》(1999 年缩印本)定义凡例为"说明著作内容和编纂体例的文字"。

　　目前,凡例多用于工具书(如字典、词典、手册、年谱、索引、资料汇编）、地图册、科技专业书等，其主要内容包括编纂意图、基本内容、读者对象、编纂体例、选文标准、收词原则、条目编排、释义范围、释文要求、行文规格、资料来源、检索方法以及插图、表格、公式、注释、附录、索引等事项的技术性说明。

凡例通常采用分列条款的形式。见图 11-1。

凡 例

一、本书共收入61个国家260位诗人的诗作771篇。

二、本书正文篇目的排列，大致以各国或各国所属的洲为序；各国作家的排列，基本上以生年先后为序，生年无考的，则按在世年代先后为序。同一诗人的作品，一般以作品创作年代先后为序。

三、本书原则上采用一首诗一篇赏析文章的形式，也有少数作品几首合在一起分析。

四、诗中疑难词句和典故，一般在赏析文章中略加解释，有的还配以脚注酌加阐释。

五、在本书所收入的260位诗人中文译名后，大部分括注其外文原名，只有少数诗人的外文原名没有写出。

六、历史纪年，一般采用公元纪年，少数夹注旧纪年。

图 11-1 《世界名诗鉴赏大辞典》(商务印书馆国际出版公司，2018) 凡例

需要说明的是，一般图书通常可以不设专门的凡例，相关的内容可以在"出版前言"或"前言"中简要说明，但专业性较强的工具书、资料汇编等，则应有独立的凡例。

《中国医学百科全书》，上海××××出版社1983年起陆续出版，4000

多万字，二万余条目，截至 2003 年出版了 93 卷。没有凡例。《中国老年百科全书》，浙江 ×× 出版社 2000 年出版，130 万字，没有凡例和索引。应该说是件遗憾的事。

12   目录

目录是图书正文之前所列出的书刊中各篇、章、节等的名目。又称"目次"。它是表明图书基本内容和层次结构的部分，一般会包括正文及部分辅文的标题，兼有检索性和介绍性功能。

最早的作品没有目录。著作一般是单篇流传，无须目录。后来出现多篇集合而成的作品，为了区别各篇，就有了篇名。这篇名有时只是截取首句的二三字而已。

早期，作者完成一部书，照例写个序言，其中会列出篇名，这就有了目录的性质。例如，《周易·十翼》中的《序卦传》列出了六十四卦的卦名，就相当于六十四卦的目录了。

《史记》在《汉书·艺文志》中著录为"太史公一百三十卷"，而在《隋书·经籍志》中著录为"史记一百三十卷，目录一卷"。说明魏晋南北朝时期，已有了专门的目录。

现在一般图书都要设置目录页，只有内容以图为主的少儿书、内容不分章节（或分章节但只有序号而无标题）的小说或某些内容很简单的小册子，可以不设目录页。

目录通常印在出版前言和序言之后，凡例和正文之前。

设置目录内容要坚持详略得当的原则，避免巨细不分的烦琐。有多级标题的图书，目录中至少应收入两级，三、四级及以下标题应根据实际情况考虑是否收入。

所列各级标题均应标明其在书中的编号和起始页码。

图书如果系多人合集，每篇作品的标题后面应有作（译）者名。序言、后记、跋等如系他人撰写，亦应注明姓名。

目录中各级条目的用字，一般应该是第一层次的字号大一些，以下各层逐次减小；但是有时也可一律使用同样的字号。选用不同的字号时，最小一级条目的字号不能小于正文主体文字。选用相同的字号时，一般一级条目用比较重的字体，其他各级按"由重到轻"的原则选用字体。[①] 中小学教科书比较特殊。GB/T 18358—2001《中小学教科书幅面尺寸及版面通用标准》规定正文用字分别为 21p～16p（2 号～3 号字）适用于小学 1～3 年级各科教科书，14p（4 号字）适用于小学 3～4 年级各科教科书，12p（小4 号字）适用于小学 5～6 年级、初中和高中各科教科书，10.5p（5 号字）适用于高中理科教科书，同时规定："目录、注释、练习等用字可参照正文用字适当减小，但小学教科书的最小用字不得小于 10.5p（5 号字），中学教科书的最小用字不得小于 9p（小 5 号字）。"

目录中的标题及所标页码要确保与正文一致。

目录中是否列入排在目录前的内容？人们的做法并不一致。常见有把排在目录前的前言和序列在目录中的。但像《国际金融新编习题指南》（第三版）的目录中第一项是排在目录之前的《三版说明》，就说不过去了。

目录，还是索引？有时候也是个问题。目录，各条顺序应是与正文排版顺序一致的；索引，则通常采用排版顺序之外的便于读者查检的顺序。

目录一般由作者编制，编辑进行检查核对、修正补充，但也可由责任编辑编制。

部分图书除普通的目录之外，还将重要图表（一般是插页图表）编成图表目录，以方便读者检索和阅读。

具有一定规模的工具书，常有总目录和条目目录。二者篇幅差别很大，一般分置凡例前后。

期刊目次通常以目次表的形式存在，不单独占用整页（往往与版权标志合用页面），从而不构成专门的目次页。

[①] 国家新闻出版广电总局出版专业资格考试办公室编.出版专业实务：中级 [M].北京：商务印书馆，2015：184.

13 图书前辅文排序

13.1 排序实例

实例 1《现代汉语词典》（第 7 版，商务印书馆，2016）：封面—部首目录—书名题签说明—扉页—获奖说明及防伪提示—呈献页（致敬词）—作者名单—第 7 版说明—1978 年第 1 版前言—1983 年第 2 版说明—1996 年修订本（第 3 版）说明—2002 年增补本（第 4 版）说明—2005 年第 5 版说明—2012 年第 6 版说明—总目—凡例—音节表—新旧字形对照表—部首检字表。

实例 2《现代汉语规范词典》（第 3 版，外语教学与研究出版社，2014）：封面—指标码目录—第 3 版参加人员名单—第 2 版参加人员名单—第 1 版参加人员名单—题名页—扉页—版本记录页—总目—3 版前言—再版前言—序一—序二—序三—前言—凡例—音节表—部首检字表。

实例 3《国际金融新编》（第 4 版，复旦大学出版社，2008）：封面—题词页—扉页—内容提要—目录—第四版前言。

实例 4《管理信息系统》（第 2 版，清华大学出版社，2016）：封面—丛书编委会名单—扉页—版本记录页—第 1 版序（编委会，2002.5）—第 2 版序（编委会，2007.6）—第 1 版前言（编者，2002.11）—第 2 版前言（王要武，2008.5）—目录。

实例 5《反义成语词典》（增订本，南京大学出版社，2001）：封面—扉页—版本记录页—目录—初版序—增订本序—编写说明—分组音序索引。

实例6《汉语大词典》(第二版,第一卷)(《汉语大词典》编委会、《汉语大词典》编纂处编.上海:汉语大词典出版社,2001年):封面—部首表—获奖页—扉页—目录—工作委员会、学术顾问委员会、编辑委员会—第一卷上册卷次页—第一卷主要编纂人员—第一卷部首表—第一卷难检字表—凡例—繁简体字对照表—前言—部首排检法说明—汉语拼音方案—《广韵》韵母表—《广韵》四十一声类表—新旧字形举例—第一卷部首检字表。

这里几个实例的前辅文排序尚有值得商讨之处。

实例1中,看7个版本的说明的排序,首位的是最新一版的说明,其他6个则按时间顺序从前到后排列。规则并非一元。

实例2中,前言与序混排,似乎不得已。3个序的撰写者分别为吕叔湘、许嘉璐、曹先擢,前言撰写者则是词典主编李行健。初版之时序排在前言之前是出于尊重。再版前言、3版前言放在初版的序和前言之前亦属合理。

实例3中,前言放在目录之后,值得商榷。

实例4中,序和前言先分项排,再依时间先后排,值得商榷。

实例5中,序、编写说明、索引放在目录之后,值得商榷。

实例6中,"凡例""繁简体字对照表""前言""部首排检法说明""新旧字形举例"都是关于整部《汉语大词典》的,应该排在"第一卷上册卷次页"之前。"汉语拼音方案""《广韵》韵母表""《广韵》四十一声类表"亦与整个《汉语大词典》有关,但并非按部首排列正文的《汉语大词典》的检索前提,应考虑作为后辅文。现在的排法,从逻辑关系上看,就显得有些混乱了。

13.2 关于排序若干问题的讨论

(1)再版说明如何排序?

再版说明有一个自然产生的顺序。放到最新版的图书上,按什么顺序编排,则做法各有不同。有按自然产生的先后顺序的(如实例4、5),也有按先后倒序的（如实例 2），还有最后的在最前，其余按先后顺序（如实例 1）。

举例来说，假设一部书有三版，三个说明。那么排序应该是一、二、三？三、二、一？三、一、二？

规则越简单越好，规则条文越少越好。一条规则能解决问题，就不要用两条。

一般说来，后版的说明会涉及、覆盖前版的内容。所以，应该后来的在前边。即采用"三版说明—二版说明——版说明"的次序。

（2）各种序如何排序？

通常，可考虑以下次序：

再版序—丛书序—译者序— 他序— 自序—代序。

（3）前言和目录如何排序？

通常，目录与正文关系十分紧密，前言是需要覆盖正文和目录的，因此，前言应该排在目录之前。

案例《康熙字典》（标点整理本）：封面—部首目录—扉页—整理者名单—出版说明—新旧字形举例表—目录—前言（汉语大词典编纂处）—御制《康熙字典》序—《康熙字典》凡例

案例中，目录应是原文的一部分，汉语大辞典编纂处的"前言"则是后人撰写的。把后人的"前言"插到前人的著作中间，实属不妥。

（4）凡例和目录如何排序？

工具书通常要有凡例，对书的编排方式做出说明，指导读者使用。目录通常又有总目录和条目目录的不同设置。凡例和目录的前后次序，现在没有明确规定，各种权威工具书做法也不一致。

《现代汉语词典》是总目、凡例、音节表、检字表;《辞海》（1999 年版）是（总）目录、凡例、部首笔画笔形索引、笔画索引。《中国大百科全书》（第一版）是凡例、（总）目录、条目分类目录。

考虑到凡例的内容往往涉及具体的条目目录的编排方法，所以凡例放在条目目录之前不无道理。总目录则放在凡例之前的居多。

13.3　排序原则

探讨辅文排序原则，需要以明确辅文的性质及其与正文的关系为基础。

可以把正文设想为出版物的核心部件，把辅文当作这一核心部件的包装。当然，包装是需要一层层由内而外的。这里的层级就体现着各个层级与核心关系的紧密程度。对于再版书来说，这个包装自然应该是随着时间的延后而逐层向外的。后版的辅文理应覆盖前版的已有辅文和正文整体。加新的辅文时，不必，也不该改变原有辅文的次序。

前辅文，可以考虑按照辅文与正文关系的疏密由前到后排列，或者说按照前辅文覆盖性宽窄由前到后排列。

面对具体的辅文，"疏"和"密"，"宽"和"窄"，人们有时理解不尽一致，因而图书前辅文的排列有时还可能费斟酌。

13.4　一般次序

实践中，如前所述，人们给前辅文的排序大体近似，细节却又有明显不同。这里，按照上面提出的原则，拟定一种次序，作为大家探讨的靶子：

封面文字—内容提要—作者简介—书名页文字（附书名页文字、主书名页文字）— 书前题词—出版说明—他序— 自序（前言）—总目录—凡例—条目目录—图表目录。

13.5　页码

由辅文的次序，很自然地牵涉页码问题。

按行业惯例，环衬、衬页、附书名页、主书名页、口号页、呈献页、题词页一般是不设页码，或者说是设空码的。其余辅文和正文如何设置页码，人们做法则并不一致。

全国出版专业技术人员职业资格考试辅导教材《出版专业实务：初级》关于"页码的排序"指出：

> 对于左翻本的书刊来说，在一个视面范围内的两个页面，其页码必须是左双右单，而右翻本则正好相反，为左单右双。
>
> 图书正文的页码必须从"1"编起。凡是位于正文之前的辅文（如出版前言、序文、目录等），页码应该单独编，不进入正文页码序列。位于正文之后的各种相对独立的辅文（如跋、出版后记、参考文献、附录等），一般延续正文页码。[①]

这与"全国新闻出版系统职业技术学校补充教材"中《排版基础知识》的说法大体上是一致的。[②]

现在有的图书全部辅文和正文统用一套页码。教材否定了这种做法。教材指出，前辅文页码应该"单独编，不进入正文页码序列"。但前辅文如何"单独编"，其实还是个问题。是前辅文整体"单独"，还是前辅文每一种"单独"呢？单独编的前辅文页码使用什么数码呢？教材也没有做进一步说明。

目前常见有图书采用多套页码且各套页码都用阿拉伯数字的。也往往有部分前辅文不排页码的情况。

例如，《现代汉语词典》（第7版）共三套页码，都用阿拉伯数字，分别为：第一套页码，呈献页、作者名单、各版说明；第二套页码，总目、凡例、音节表、新旧字形对照表、部首检字表；空码，正文页；第三套页码，正文。

---

① 国家新闻出版广电总局出版专业资格考试办公室.出版专业实务：初级：2015年版[M].武汉：崇文书局，2015：247.

② 徐令德，张云峰编著.排版基础知识：4版[M].北京：印刷工业出版社，2011：45.

《新闻记者培训教材》（人民出版社，2013），扉页、编辑委员会名单为空码。目录、代序、正文分别设三套页码，都用阿拉伯数字。

《出版词典》（修订本，中国书籍出版社，2014）共有四套页码，全用阿拉伯数字。几套页码之间还夹有空码辅文。分别为：空码，作者名单；第一套页码，前言；空码，目录；第二套页码，凡例；第三套页码，专题分类词目表；第四套页码，正文。

在设多套页码且都使用阿拉伯数字的情况下，当需要著录页码时，想要指代简单明确，就有点困难了。

CY/T 123—2015《学术出版规范 中文译著》提出：

> 应采用两套页码标示体系。从内封页起至正文之前宜用小写罗马数字标示页码；从正文始至内文结束应用阿拉伯数字标示页码。

按照《学术出版规范 中文译著》的规定标注页码，清晰、简明，应该是个值得考虑的办法。《芝加哥手册——写作、编辑和出版指南》（第 16 版）也是主张"前辅文用罗马数字标注页码""正文和后辅文用阿拉伯数字标注页码"。[1]

---

[1] 美国芝加哥大学出版社 . 芝加哥手册：写作、编辑和出版指南：第 16 版 [M]. 吴波等译 . 北京：高等教育出版社，2014：005.

图书中辅文篇

14　书眉

书眉是排在版心之外的文字。横排本的书眉，通常位于版面的天头位置，仿佛"眉毛"，因而得名。也可在地脚位置设下书眉，或者排在切口处。竖排书刊的书眉通常排印在切口。线装本书籍书眉排在折缝处，所以也称"中缝"。

书眉的首要作用是便利读者查阅检索，因此通常用在篇幅较大，内容层次较多的书籍和翻检频繁的工具书中。此外，书眉对版面也有装饰作用，所以也会在其他重要图书中使用。

横排本的篇章页、空白页、序、前言、目录、另面起排的篇章首面及参考文献、附录首面一般都不设书眉。

CY/T 120—2015《学术出版规范　图书版式》"5.4 书眉"规定：

图书书眉设置的基本要求包括：

a）应选用具有提示性的信息；

b）若使用不同层级标题时，双页面标题层级应高于单页码面标题；

c）通常置于版心与上切口之间的空白处，字横排；若置于版心与侧切口之间的空白处时，字竖排；

d）宜置于距离切口不小于 5mm 的位置。

普通图书书眉的内容，通常是书名、一级标题、二级标题和页码。双、单两个页面书眉的内容通常不同，当然也可以相同。当双、单两个页面书眉的内容级别不同时，应该是双码面的书眉内容级别较高。譬如，双码面上排书名，单码面上排卷名（或篇名、章名）；或双码面上排章名，单码面上排节名。

辞书的书眉通常排印作为本页面检索标志的字符（部首、字头、汉语拼音）和页码。

如果同一页面有不止一个可用于书眉的同一级标题。在双码面，可选用第一个标题；在单码面，可选用最后一个标题。

书眉一般只排一行。用作书眉的标题如果过长，可以酌量删节，保留主要内容即可，但须注意全书一致。

书眉一般设书眉线与版心相隔。书眉线长度可与版心宽度相同，也可小于版心宽度。书眉所用字号通常小于正文字号，字体则不限。书眉在天头的位置灵活，居中或者靠翻口、靠订口均可。

《教育人类学视域下无文字民族文化传承的有效路径》中，双码面书眉字数较多，采用比单码面书眉小的字号，导致两侧书眉字号大小不一，且书名字号小于章名字号，看起来有点儿别扭。见图 14－1。

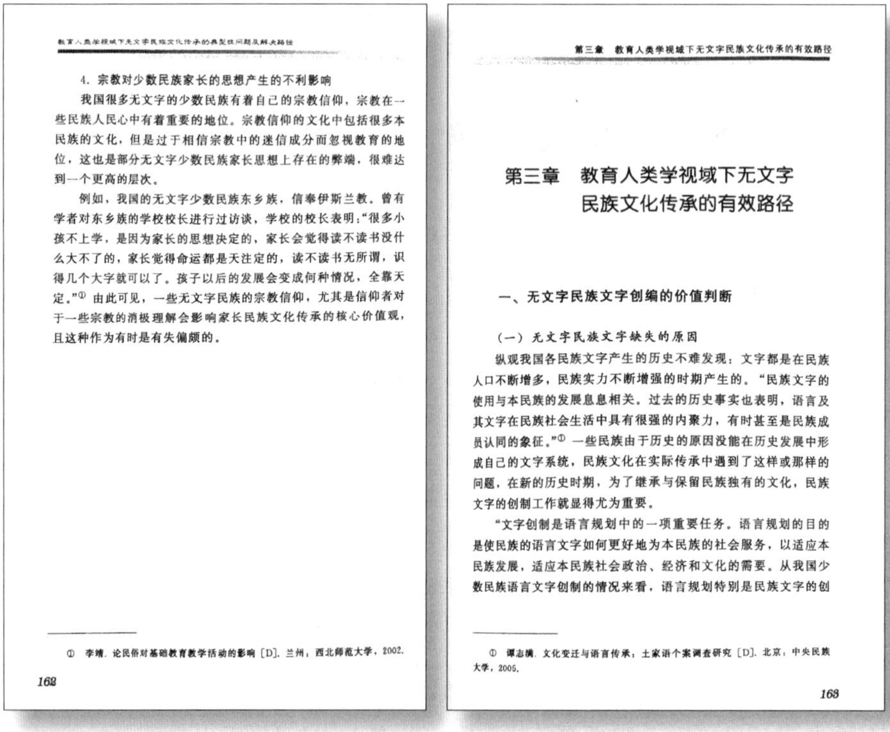

教育人类学视域下无文字民族文化传承的典型性问题及解决路径

4. 宗教对少数民族家长的思想产生的不利影响

我国很多无文字的少数民族有着自己的宗教信仰，宗教在一些民族人民心中有着重要的地位。宗教信仰的文化中包括很多本民族的文化，但是过于相信宗教中的迷信成分而忽视教育的地位，这也是部分无文字少数民族家长思想上存在的弊端，很难达到一个更高的层次。

例如，我国的无文字少数民族东乡族，信奉伊斯兰教。曾有学者对东乡族的学校校长进行过访谈，学校的校长表明："很多小孩不上学，是因为家长的思想决定的，家长会觉得读不读书没什么大不了的，家长觉得命运都是天注定的，读不读书无所谓，识得几个大字就可以了。孩子以后的发展会变成何种情况，全靠天定。"① 由此可见，一些无文字民族的宗教信仰，尤其是信仰者对于一些宗教的消极理解会影响家长民族文化传承的核心价值观，且这种作为有时是有失偏颇的。

① 李婧. 论民俗对基础教育教学活动的影响［D］. 兰州：西北师范大学，2002.

162

第三章　教育人类学视域下无文字民族文化传承的有效路径

第三章　教育人类学视域下无文字民族文化传承的有效路径

一、无文字民族文字创编的价值判断

（一）无文字民族文字缺失的原因

纵观我国各民族文字产生的历史不难发现：文字都是在民族人口不断增多，民族实力不断增强的时期产生的。"民族文字的使用与本民族的发展息息相关。过去的历史事实也表明，语言及其文字在民族社会生活中具有很强的内聚力，有时甚至是民族成员认同的象征。"① 一些民族由于历史的原因没能在历史发展中形成自己的文字系统，民族文化在实际传承中遇到了这样或那样的问题，在新的历史时期，为了继承与保留民族独有的文化，民族文字的创制工作就显得尤为重要。

"文字创制是语言规划中的一项重要任务。语言规划的目的是使民族的语言文字如何更好地为本民族的社会服务，以适应本民族发展，适应本民族社会政治、经济和文化的需要。从我国少数民族语言文字创制的情况来看，语言规划特别是民族文字的创

① 谭志满. 文化变迁与语言传承：土家语个案调查研究［D］. 北京：中央民族大学，2005.

163

图 14–1 《教育人类学视域下无文字民族文化传承的有效路径》书眉

该书在章首面排书眉，也没有必要。

图书的书眉格式应该全书一致。

期刊的书眉与图书有所不同。因期刊无章节而有栏目，所以书眉多为栏目的名称，也有的双码面为栏目名称而单码面为文章名称。不同栏目的书眉格式（字体、装饰、位置）可以不同。不同栏目的书眉格式一经设定，则在一个时期内保持不变，在期刊各期中基本相同。

15 编者按

编者按是图书、报纸、期刊中编者对作品所做的说明或批注。"按"字有查考、核对之意；"按语"，又称"案语"，是对文章或语句的说明、提示或考证。现代书刊中的编者按就是编辑对某篇文稿或一组文稿、一期文稿写的按语。前一种，一般由责任编辑撰写，后两种一般由期刊编辑部负责人撰写，也有特邀专家撰写的。就内容而言，类似于图书的"出版说明"或"编者说明"。

编者按常冠于卷首、篇首，也可附于篇末、卷末。

写法，一是观点鲜明而态度冷静客观。行文要平实，一般少用修饰词语。二是文字力求简明，以短为要。不宜旁征博引，大发议论。

依据内容特点，编者按可分为三种类型。

15.1 评论型

评论型编者按是编辑就原文明确表示自己的看法。既可以赞同原文，向读者推荐，可以引申，发表议论，也可以批驳原文，引导读者借鉴。

在《中国农村的社会主义高潮》一篇文章的编者按中，毛泽东提出"农村是一个广阔的天地，在那里是可以大有作为的"，成为 20 世纪 50 年代中期到 70 年代末 2000 万知识青年上山下乡最有力的动员令。在另一篇文章的编者按中，毛泽东指出："这一篇文字差一些，对于不纯分子的活动也缺乏详细的描写，但是内容重要，值得一阅。"见图 15-1、图 15-2。

图 15-1 《中国农村的社会主义高潮》面封、扉页

在一个乡里进行合作化规划的經驗

本書編者按：这也是一篇好文章，可作各地参考。其中提到組織中学生和高小畢业生参加合作化的工作，值得特别注意。一切可以到農村中去工作的这样的知識分子，应当高兴地到那裏去。農村是一个廣闊的天地，在那裏是可以大有作为的。

（中共許昌地委農村工作部整理，一九五五年九月四日，见許昌地委農村工作部「互助合作」第十五期）

新的形势要求領導赶上去

郯縣的大李莊郷，共有八个自然村，七百零八戶，三千二百四十人，七千七百零五畝土地。有党員三十三人，团員八十三人，郷行政委員一級的非党幹部七人，積極分子七十二人。現在有九个農業生產合作社，入社農戶二百七十六戶，佔總農戶的百分之三十八點九。四个村已經合作化，兩个農

795

民和縣第五區官亭農業生產合作社是怎样解决組織不純的問題的

本書編者按：这一篇文字差一些，对於不純分子的活動也缺乏詳細的描寫，但是内容重要，值得一問。这个合作社看來是一个很大的社，可是「縣區党委放鬆領導，支部也沒有加以過問」，致使不純分子混入社内，貧農和中農的關係也不正常。只是在縣党委注意了領導，並且依靠支部去發動羣衆，才把問題解决了。

（中共民和縣第五區委員会書記訊俊德，一九五五年十月二十日，见青海「農村工作参考資料」第十期）

民和縣第五區官亭農業生產合作社，在籌建当中，由縣、區党委放鬆了領導，致使不少的不純分子混入社内，窃取了領導权，歧視党、团組織、壓制民主，進行貪汚，造成社員思想混亂，劳動紀律鬆弛。縣委發現这种情况以後，作了具体的指示。

1274

图 15-2 《中国农村的社会主义高潮》编者按

15.2 提示型

提示型编者按通常是编辑提示读者关注文稿中的某个问题，引导读者展开讨论。这种编者按常用在报纸和期刊中。

在《对学术图书出版体例的一点建议》编者按中，编者提出了问题，希望“引起争鸣”“期望更多出版专家、学界人士就此问题讨论和赐稿”。见图 15－3。

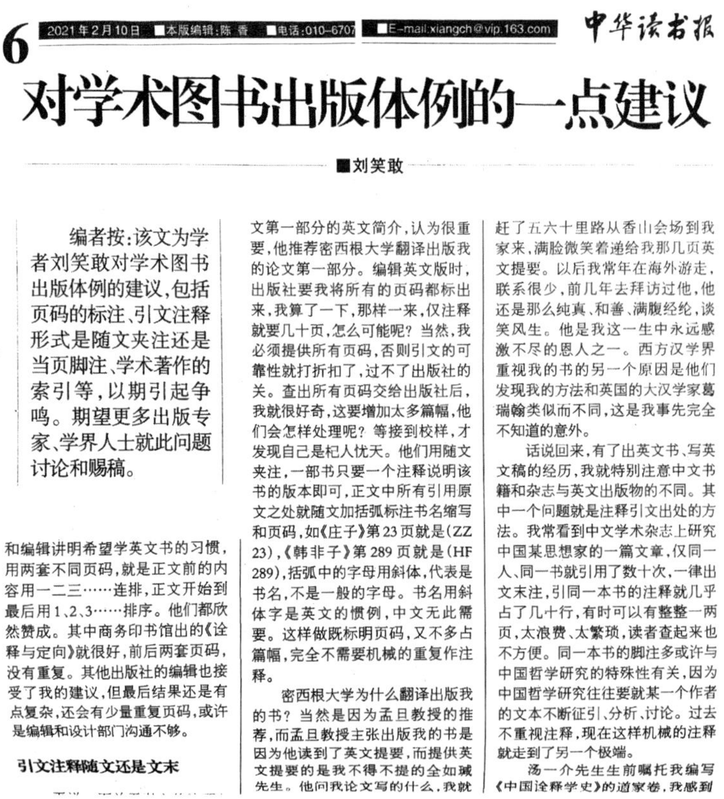

6 2021年2月10日 本版编辑：陈 香 电话：010-6707 E-mail:xiangch@vip.163.com 中华读书报

对学术图书出版体例的一点建议

■刘笑敢

编者按：该文为学者刘笑敢对学术图书出版体例的建议，包括页码的标注、引文注释形式是随文夹注还是当页脚注、学术著作的索引等，以期引起争鸣。期望更多出版专家、学界人士就此问题讨论和赐稿。

和编辑讲明希望学英文书的习惯，用两套不同页码，就是正文前的内容用一二三……连排，正文开始到最后用1、2、3……排序。他们都欣然赞成。其中商务印书馆出的《诠释与定向》就很好，前后两套页码，没有重复。其他出版社的编辑也接受了我的建议，但最后结果还是有点复杂，还会有少量重复页码，或许是编辑和设计部门沟通不够。

引文注释随文还是文末

文第一部分的英文简介，认为很重要，他推荐密西根大学翻译出版我的论文第一部分。编辑英文版时，出版社要我将所有的页码都标出来，我算了一下，那样一来，仅注释就要几十页，怎么可能呢？当然，我必须提供所有页码，否则引文的可靠性就打折扣了，过不了出版社的关。查出所有页码交给出版社后，我就很好奇，这要增加太多篇幅，他们会怎样处理呢？等接到校样，才发现自己是杞人忧天。他们用随文夹注，一部书只要一个注释说明该书的版本即可，正文中所有引用原文之处就随文加括弧标注书名缩写和页码，如《庄子》第23页就是(ZZ 23)，《韩非子》第289页就是(HF 289)，括弧中的字母用斜体，代表是书名，不是一般的字母。书名用斜体字是英文的惯例，中文无此需要。这样做既标明页码，又不多占篇幅，完全不需要机械的重复作注释。

密西根大学为什么翻译出版我的书？当然是因为孟旦教授的推荐，而孟旦教授主张出版我的书是因为他读到了英文提要，而提供英文提要的是我不得不提的全如瑊先生。他问我论文写的什么，我就赶了五六十里路从香山会场到我家来，满脸微笑着递给我那几页英文提要。以后我常年在海外游走，联系很少，前几年去拜访过他，他还是那么纯真、和善、满腹经纶，谈笑风生。他是我这一生中永远感激不尽的恩人之一。西方汉学界重视我的书的另一个原因是他们发现我的方法和英国的大汉学家葛瑞翰类似而不同，这是我事先完全不知道的意外。

话说回来，有了出英文书、写英文稿的经历，我就特别注意中文书籍和杂志与英文出版物的不同。其中一个问题就是注释引文出处的方法。我常看到中文学术杂志上研究中国某思想家的一篇文章，仅同一人、同一书就引用了数十次，一律出文末注，引同一本书的注释就几乎占了几十行，有时可以有整整一两页，太浪费、太繁琐，读者查起来也不方便。同一本书的脚注多或许与中国哲学研究的特殊性有关，因为中国哲学研究往往要就某一个作者的文本不断征引、分析、讨论。过去不重视注释，现在这样机械的注释就走到了另一个极端。

汤一介先生生前嘱托我编写《中国诠释学史》的道家卷，我感到

图 15-3 《对学术图书出版体例的一点建议》编者按（载《中华读书报》2021-2-10，6 版）

15.3　介绍型

　　介绍型编者按或者介绍作者生平、文章背景、写作过程，或者对文中的某些材料做考订、核实。可以帮助读者理解文稿的内容。

　　在《让小小的个人梦，融入中国梦》编者按中，编者介绍了快递业务高速增长的背景，呼吁人们关心重视数以百万计的"快递小哥"群体。见图15–4。

让小小的个人梦，融入中国梦

　　编者按：中国经济发展气势如虹，其中"快递"行业连续5年保持50%的增速高速增长，2018年快递业务量更突破500亿大关，已经成为新经济的代表和经济发展新动能的重要力量。

　　数以百万计的"快递小哥"，成为推动快递业发展的追梦人。关心重视这个年轻群体，促进快递业规范健康发展，逐渐成为全社会的共同认知和重要着眼点。各界人士纷纷贡献真知灼见，帮助快递员融入城市，助力解决他们对职业和生活的困惑，让个人梦，融入中国梦。

目光聚焦辛勤的"小蜜蜂"——

两会委员、代表如何为"快递小哥"代言？

文／郝志舟

　　1993年，申通快递的创始人聂腾飞、詹际盛与顺丰快递的创始人王卫，分别开始了他们的创业之旅：聂腾飞每天凌晨坐着火车从杭州去上海，詹际盛在上海火车站接到货后再负责送往市内各地；王卫则早出晚归在深圳和香港之间用背包和拉杆箱送货。二十多年后的今天，快递行业的交通工具、派送方式

们的城市梦想？"段小龙表示，"今年将继续借助人大、政协来呼吁，有效推动问题得到改善解决。"

　　同样，山东省的政协委员于伟提交了关于完善快递小哥生活保障和城市融入的提案。山东的快递小哥人数已经达到10万人左右，其中大部分为进城务工人口，他们为城市经济做

图 15–4　《让小小的个人梦，融入中国梦》编者按（载《中国青年》2019, 5:29）

16   注释

注释是对书刊内容做介绍、说明、评议的文字。中国古代对书籍的注释，因方式的不同而有"注""释""传""笺""疏"等名称。现在则通常按注释的位置分为"脚注""尾注""夹注"等不同形式。

随附于图书正文中的夹注或附注（对正文中词语所做的诠释或对引文出处附带的说明，夹印于正文之内，字级或字体常与正文不同并用括号隔开），一般视为正文的组成部分，而其他种类的注释则列入辅文范畴。作为辅文的注释许多还是排在正文之间的，所以称"图书中辅文"；有的排在文后，所以有时也作为"图书后辅文"讨论。

引文要以必要为原则，凡引用的资料都应真实、详细、完整地注明出处。注释应力求客观、准确、翔实。

须注意避免正文注码与注文不符的问题。

CY/T 121—2015《学术出版规范 注释》内容包括注释的分类、注释的要求、注码的形式及要求、出处注的形式及要求等。其中，注释的分类包括按加注者分、按注释的功能分、按注释的位置分。另外，作为资料性附录，有"注释—编号制及其出处注著录格式示例""著者—出版年制及其出处注著录格式示例"。

16.1   形式

（1）脚注

脚注排印于本页底部，用脚注线与正文隔开，按正文中出现的先后顺序排列。也称"边注""页末注"。它或对正文中词语做诠释，或对引文出处做说明，或对文中内容加以订正、补充及做阐发性说明等。

内容为引文出处的脚注应包括一定的基本著录项目。与参考文献不同的是，参考文献可以不注页码，注释应该提供引文出处的页码。

（2）尾注

尾注的内容与脚注相同，集中排印于图书正文的某一部分之后（按该部分的性质，又可分"段后注""章后注"和"篇后注"）或者全部正文之后（即"书后注"）。

文后注之前应加排"注释"字样。

被注文字按先后顺序编列注码，尾注的序码须与其一致。

（3）呼应注

某一词语在前文中已有注释，若其再次出现，则以此注说明参见前某页某注；或根据该词语在不同地方的用法差异进行说明，各有侧重，互相呼应。呼应注多见于古籍选注本。

（4）译注

对于中文古籍，译注的含义是指对古籍作品的内容既加注释又以语体文进行翻译；对于外文书籍，译注的含义是指译者加的注释。

需要说明的是，有时看到正文中插有"译者按"，明显不妥。可以作为译者注释，放在页脚或文后。

（5）作者注

作者注是本书作者加的注释。又称"自注"。

（6）原注

原注是古籍、翻译图书、多人合集的某部分内容中原作者的注释。

（7）编者注

编者注是主编者或出版者在选编或编辑过程中加的注释。

各类注释的分类原则并不一致，包含的内容亦各有侧重，因此在实际表现时会有交叉，如脚注、文后注可以是作者注，也可以是编者注、译者注。

16.2　作用

（1）解释

主要是解释词语、符号、外文的含义。

（2）校勘

对正文某些内容加以订正、校勘、补充。

（3）阐发

对正文涉及的内容进行评论、阐发。

（4）交代出处

交代资料来源、引文出处，是注释的重要作用。

16.3　案例

这里有一个案例，值得介绍一下。

哈佛法学院的特赖布（Laurence H.Tribe）教授在 1985 年出版了一本书《上帝拯救这个荣耀的法院》（*God Save this Honorable Court*）。该书以非法律专业人士为读者，带有"普法读物"的性质，因此作者刻意避免沿用学术专著的写作套路——全书没有一个注释，仅仅列出了 15 本参考书的书名。其中包括弗吉尼亚大学亚伯拉罕（Henry J. Abrahanm）教授在 1974 年发表的学术著作《司法和总统》（*Justices and Presidents*）。

2004 年 9 月 24 日，保守派杂志 Weekly Standard 的网站登出一篇报道，称：特赖布的"法院"一书多处剽窃亚伯拉罕的"司法和总统"。该报道列举的"剽窃"，无一涉及观点、意见和观察等关键内容，全部是有关历史事实的叙述——在叙述同一历史事件的时候，特赖布沿用了亚伯拉罕先前用过的词汇和短语，出现了十多处叙事相似；此外，在该书还有一处逐字剽窃——一段由 19 个单词组成整句在两本著作中完全相同。亚伯拉罕教授对该杂志的记者说，他从开始读特赖布著作的时候就知道了真相，自己本应站出来说话，但一直隐忍不发；他认为：特赖布教授犯这样的错误，大概是因为"偷懒和想赚一点钱"，但是，"他是一位泰斗（Big Mahatma），我原以为他不会干这种事"。

特赖布教授是美国最优秀的宪法学者，是自由派知识分子的一面旗帜，他信奉知行合一，身体力行地参与很多政治活动，故深为保守派嫉恨，成为保守派"精确打击"的对象。事发之后，特赖布教授没有一句话的自我辩护，他深知：剽窃就是剽窃，不会因为是政治对手揭露了剽窃，剽窃就成为正当行为，辩护是无益之举。9 月 24 日当天，特赖布就给亚伯拉罕写信表示歉意。第二天，特赖布对媒体公开承认："法院"一书确实是引用他人著作而未能归功于人，个人对此"负有全部责任"；"与其他同行一样，我一直对 Henry J. 亚伯拉罕教授怀有最崇高的敬意。"①

在美国引起轩然大波的这个注释纠纷，在我们这里会不会成为一个事件？恐怕不会。类似的做法在这里可能是人们习以为常，甚至认为理所当然的。案例或可显示两国知识界对于注释尺度理解和掌握的差异，也显示出著作权保护力度的差异，值得我们思考。

---

① 方流芳. 学术剽窃和法律内外的对策［2019－12－20］http://www.aisixiang.com/data/12392.html?page=2.

图书后辅文篇

17　参考文献

17.1　概念

　　1987 年 5 月 5 日我国发布了第一个关于参考文献著录的国家标准 GB/T 7714—1987《文后参考文献著录规则》。该标准是参考 ISO 690：1984《文献工作　参考文献　内容、形式与结构》制定的。

　　GB/T 7714—1987《文后参考文献著录规则》定义文后参考文献："为撰写或编辑论著而引用的有关图书资料。" GB/T 7714—2005《文后参考文献著录规则》定义文后参考文献："为撰写或编辑论文和著作而引用的有关文献信息资源。"两相比较，可以看出，文后参考文献的外延扩大了。不过，从逻辑学的角度看，这两个定义还不够严谨。显然，"为撰写或编辑论文和著作而引用的有关文献信息资源"并不只有文后参考文献。至少从字面上说，文后参考文献只是参考文献的一部分。

　　GB/T 7714—2015《信息与文献　参考文献著录规则》定义参考文献："对一个信息资源或其中一部分进行准确和详细著录的数据，位于文末或文中的信息源。"

　　有专家把参考文献按照提供目的分为引文文献、阅读型文献和推荐型文献三大类。其中，引文文献是著者在撰写或编辑论著过程中，为正文中的直接引语（如数据、公式、理论、观点、图表等）或间接引语而提供的有关文献信息资源；阅读型文献是著者在撰写或编辑论著的过程中，曾经阅

读过的文献信息资源；推荐型文献通常是专家或教师为特定读者、特定目
的而提供的、可供读者查阅的文献信息资源。[①]

　　图书或论文的注释中有一部分就是参考文献的引文文献。《中国大百科
全书》第一版部分条目之后有"参考书目"，第二版有"推荐书目"，即推荐
型文献。

　　所谓文后参考文献主要是引文文献和阅读型文献。也就是不便在脚注
中一一注明引文出处的，而在论文与全书正文之后或各部分之后一并列出
的引文文献、阅读型文献名单。

17.2　作用

　　参考文献的作用，最重要的有两条：体现知识和学术的继承性；尊重他
人的著作权。其次是：精炼文字；扩展读者信息资源。此外，文后参考文献
也被当作评价论著学术水平的一个指标。

　　2004 年教育部发布《高等学校哲学社会科学研究学术规范（试行）》：
"凡引用他人观点、方案、资料、数据等，无论曾否发表，无论是纸质或电
子版，均应详加注释。凡转引文献资料，应如实说明。"

　　参考文献应力求系统、完整、准确、真实。

17.3　问题

17.3.1　数量

　　据《2008 年版中国科技期刊引证报告》（扩刊版）统计，国内 6082 种
期刊发表的论文的平均引文量为 7.92 条 / 篇。国内 13 种编辑出版方面的期

---

① 段明莲，陈浩元 . 文后参考文献著录指南 [M]. 北京：中国标准出版社，2006：3.

刊发表论文平均引文量只有 3.15 条 / 篇。《编辑学报》最多，也只有 9.37 条 / 篇，《中国编辑》《编辑学刊》则只有 2.16 条 / 篇、2.47 条 / 篇。① 国外科技论文的平均引文量一般超过 30 条 / 篇，*Earth–Sci Rev* 高达 129.86，② 可见差距很大。

据《2012 年版中国科技期刊引证报告》（扩刊版）统计，国内 6217 种期刊发表的论文的平均引文量为 6.75 条 / 篇。《编辑学报》平均引文 9.39 条 / 篇，《中国编辑》《编辑学刊》则只有 1.26 条 / 篇、1.38 条 / 篇。③ 据《2012 年版中国科技期刊引证报告》（核心版）统计，2011 年国内 1998 种期刊发表的论文的平均引文量为 13.97 条 / 篇。④ 不同刊物，有增有减；总体说来，有所减少。

据《2020 年版中国科技期刊引证报告》（扩刊版）统计，国内 6512 种期刊发表的论文的平均引文数为 17.5 条 / 篇。其中，2019 年《编辑学报》平均引文 14.0 条 / 篇，《中国编辑》平均引文 9.1 条 / 篇、《编辑学刊》平均引文 5.9 条 / 篇。⑤ 可以说，引文量增加明显，但仍不算多。

这种情况可能直接涉及学术不端。引用了文献，却不注明。有的可能是缺乏著作权意识，有的就有抄袭的嫌疑。CY/T 174—2019《学术出版规范期刊学术不端行为界定》规定："不加引注或说明地使用他人的观点，并以自己的名义发表，应界定为观点剽窃。""不加引注或说明地使用他人已发表文献中的数据，并以自己的名义发表，应界定为数据剽窃。""不加引注或说明地使用他人已发表文献中的图片和音视频，并以自己的名义发表，

---

① 中国科学技术信息研究所，万方数据股份有限公司.2008 年版中国科技期刊引证报告：扩刊版 [R].北京：科学技术文献出版社，2008：Ⅱ，230.

② 孙群，汪海英，王文瑚，等.中外地学期刊平均引文率对比与分析［J/OL］.编辑学报，1999，11(4)[2019-12-16]. https://www.ixueshu.com/document/39336b46147db10afa260c367f-8f5711318947a18e7f9386.html.

③ 北京万方数据股份有限公司.2012 年版中国科技期刊引证报告：扩刊版 [R].北京：科学技术文献出版社，2012：Ⅱ，255，256.

④ 中国科学技术信息研究所 .2012 年版中国科技期刊引证报告：核心版 [R].北京：科学技术文献出版社，2012：Ⅲ.

⑤ 北京万方数据股份有限公司 .2020 年版中国科技期刊引证报告：扩刊版 [R].北京：科学技术文献出版社，2020：Ⅱ，399，400.

应界定为图片和音视频剽窃。""不加引注或说明地使用他人具有独创性的研究（实验）方法，并以自己的名义发表，应界定为研究（实验）方法剽窃。""不加引注地使用他人已发表文献中具有完整语义的文字表述，并以自己的名义发表，应界定为文字表述剽窃。"

17.3.2　新颖度

新颖度可由下面两个指标显示。

核心即年指标（原称"即年指标"），期刊当年发表的论文在当年被引用的情况，表征期刊即时反应速率的指标。核心即年指标等于该期刊当年发表论文的被引用次数 / 该期刊当年发表论文总数。

2011 年，1998 种核心期刊为 0.059，《2012 年版中国科技期刊引证报告》（核心版），6217 种期刊为 0.058，其中 412 种为 0.000.《2012 年版中国科技期刊引证报告》（扩刊版）篇均作者数 3.8 人 / 篇。≥ 5 人 / 篇的有 184 种。2014 年，2383 种核心期刊，即年指标合计 0.069，≥ 0.100 的期刊有 491 种。〔据《2015 年版中国科技期刊引证报告》（核心版）数据〕

2016 年，2008 种中国科技核心期刊（中国科技论文统计源期刊，包括 1912 种中文期刊和 96 种英文期刊），即年指标平均值 0.087，≥ 0.100 的期刊有 574 种。[1]395 种社会科学领域中国科技核心期刊（中国科技论文统计源期刊），即年指标平均值 0.094，≥ 0.100 的期刊有 121 种。[2]

2020 年，2084 种中国科技核心期刊（中国科技论文统计源期刊，包括 1953 种中文期刊和 131 种英文期刊），核心即年指标平均值 0.188，≥ 0.100 的期刊有 1131 种，≥ 0.500 的期刊有 132 种。[3]397 种社会科学领域中国

---

[1]　中国科学技术信息研究所 .2017 年版中国科技期刊引证报告：核心版 . 自然科学卷 [R]. 北京：科学技术文献出版社，2017：Ⅲ .

[2]　中国科学技术信息研究所 .2017 年版中国科技期刊引证报告：核心版 . 社会科学卷 [R]. 北京：科学技术文献出版社，2017：Ⅲ .

[3]　中国科学技术信息研究所 .2021 年版中国科技期刊引证报告：核心版 . 自然科学卷 [R]. 北京：科学技术文献出版社，2021：Ⅲ .

科技核心期刊（中国科技论文统计源期刊），核心即年指标平均值 0.209，≥ 0.100 的期刊有 252 种，≥ 0.500 的期刊有 33 种。[①]

引用半衰期，指该期刊引用的全部参考文献中，较新的一半是在多长一段时间内发表的。通过这个指标可以反映出作者利用文献的新颖度。

2014 年，《钢铁研究》8.60，《计算机学报》7.38，《计算机研究与发展》6.09，《编辑学报》4.31，《编辑学刊》6.17，《中国编辑》6.54。〔《2015 年版中国科技期刊引证报告》（扩刊版）数据〕要知道，这里单位是年。计算机的发展是何等日新月异！六七年前的资料还能算新吗？

2016 年，《钢铁研究》8.4，《计算机学报》7.2，《计算机研究与发展》5.8，《编辑学报》4.0，《编辑学刊》5.9，《中国编辑》5.7。[②]

2018 年，《钢铁研究学报》8.0，《计算机学报》7.0，《计算机研究与发展》5.4，《编辑学报》3.7，《编辑学刊》8.9，《中国编辑》9.5。[③]

2019 年，《钢铁研究学报》8.4，《计算机学报》6.7，《计算机研究与发展》5.3，《编辑学报》3.3，《编辑学刊》4.6，《中国编辑》5.2。[④]

可以看出，大部分期刊引用半衰期有所缩短，但有的期刊引用半衰期反倒有所加长，总地来看，引用文献仍显陈旧。

17.3.3 自引率

《2008 年版中国科技期刊引证报告》（核心版）统计，科技期刊平均自引率为 0.19，有些名刊自引率达到 0.50。

近年《中国科技期刊引证报告》（核心版）未见这方面的统计。

[①] 中国科学技术信息研究所 .2021 年版中国科技期刊引证报告：核心版 . 社会科学卷 [R]. 北京：科学技术文献出版社，2021：Ⅲ .

[②] 北京万方数据股份有限公司 .2017 年版中国科技期刊引证报告：扩刊版 [R]. 北京：科学技术文献出版社，2017：281,300,367,368.

[③] 北京万方数据股份有限公司 .2019 年版中国科技期刊引证报告：扩刊版 [R]. 北京：科学技术文献出版社，2019：305,325,400,405.

[④] 北京万方数据股份有限公司 .2020 年版中国科技期刊引证报告：扩刊版 [R]. 北京：科学技术文献出版社，2020：300,320,399,400.

17.3.4 转引

为数不少的文献是转引自他人文献的，并没有直接阅读过，导致时有差错。

2004 年教育部发布《高等学校哲学社会科学研究学术规范（试行）》："引文应以原始文献和第一手资料为原则。"

17.3.5 著录规范性

目前图书和期刊著录的参考文献中，常见不符合国家标准《信息与文献　参考文献著录规则》规定的项目和格式的。

17.4 著录规则

参考文献著录有相应的国际标准和国家标准进行规范。

17.4.1 ISO 690

ISO 690 是国际标准化组织的一个有关标注引用文献方式的标准。它规定了参考文献遵循的格式，信息出现的顺序位置等。

ISO 690：1987《信息与文献　文后参考文献的内容、形式和结构》（ISO 690:1987 *Information and Documentation—Bibliographic References-Content, Form and Structure*）、ISO 690：1987《信息与文献　文后参考文献第 2 部分：电子文献》（ISO 690-2:1987 *Information and Documentation—Bibliographic References—Part 2:Electronic*）曾于 2005 年修订 GB/T 7714—2005《文后参考文献著录规则》时用作参照。

ISO 690 的最新版本于 2010 年公布，能够覆盖所有类型的信息资源，包括但不限于：专题论文、专利、地图文献、电子资源、音乐、录音、照片等。

ISO 690：2010《信息和文献　对信息资源文后参考文献和引文的指南》（*Information and Documentation.Guidelines for Bibliographic References and Citations to Information Resources*）发布日期：2010－06－14，实施日期：2010－06－15，代替标准：ISO 690-2：1997；ISO 690：1987。

17.4.2　GB/T 7714

1987年推出了全国文献工作标准化技术委员会第六分委员会起草的GB/T 7714—1987《文后参考文献著录规则》。起草人为图书馆、各情报部门的文献工作专家。1987年5月5日批准。1988年1月1日实施。

标准分别规定了专著、连续出版物、专利文献、专著中析出的文献以及连续出版物中析出的文献的著录格式。五种著录格式分别规定了主要著录项目和若干选择项目。

2005年修订为GB/T 7714—2005《文后参考文献著录规则》。本版国家标准参照国际标准，增加了电子文献的著录规则。

明确规定了著录用符号为前置符。规范了9个著录用符号的使用方法。

专著（含论文集）中析出文献的出处项之前用"//"代替".见："或".In:"。这是需要编校人员注意的。不过，老实说，个人认为这是一处败笔，用新造的符号代替以往人所共知的代号，这种指导思想就难以令人认同。ISO 690：2010仍使用".In:"。

标准规定了多次引用同一著者的同一文献（每次引用页码不同）的著录方法：在正文中标注首次引用的文献序号，并在序号的"[]"外著录引文页码。

标准规定：每一条参考文献的结尾可用"."号。说"可用"，意味着每一条参考文献结尾加或不加"."都符合规范。

最新版本为GB/T 7714—2015《信息与文献　参考文献著录规则》。适应网络环境下电子资源存取路径的发展需要，内容有一些增删修改。

标准名称由《文后参考文献著录规则》修改为《信息与文献　参考文献著录规则》，意味着规范范围不再限于"文后"。将参考文献定义为"对一个信息资源或其中一部分进行准确和详细著录的数据，位于文末或文中的信息源"。

增补了2个新术语：阅读型参考文献，引文参考文献。不难想象，文内的引文参考文献是必须带页码的。

将"文献类型标识"（含文献载体标识）修改为全"任选"，可以著录，也可以不著录。

在参考文献著录用文字方面，新增了"必要时，可采用双语著录"的陈述性条款，并给出了采用双语著录的规则："首先用信息资源的原语种著录，然后用其他语种著录。"

17.5　著录需要注意的问题

17.5.1　"顺序编码制"和"著者－出版年制"

参考文献表一般分为两类：一类是与正文中所引用文字、观点等直接相关的参考文献的列表，指明所引用内容的出处。一类是正文中并没有直接引用其文字或观点，但作者在创作过程中参考、借鉴过其中材料和观点的参考文献的列表。前一类参考文献表期刊中使用最多，通常位于文章末尾，图书中有时也使用。后一类参考文献表通常只见于图书，位于全书正文之后。表中文献条目的编排形式一般是以作者姓名为序，而文献发表年份在文献条目中的位置或前或后均可。

前一类参考文献表对所引文献的著录方式分为"顺序编码制"和"著者－出版年制"两种。

顺序编码制的要点是：正文中按所引用文献出现的先后顺序，在所引文字的右上角用置于方括号内的阿拉伯数字标注序号，参考文献表中按此序号依次排列所引用的文献，发表年份列在文献条目末尾（如同时列出页码，则在页码之前）。

著者－出版年制的要点是：正文中在所引文字之后的圆括号内标明文献作者和文献发表年份（如果正文中在引用时已经指明作者，则在作者姓名后的圆括号内标明发表年份），参考文献表中的文献条目按作者姓名编排，并在姓名项后列出发表年份。

同一种书刊中应该统一采用某类参考文献列表及某种文献著录方式，不能混用。

参考文献表一般由作者完成，其中文献条目的排列顺序、应包括的基本著录项目及其表达形式应该符合国家标准 GB/T 7714—2015《信息与文献　参考文献著录规则》的规定。

设置参考文献表的原则是精要、实用，表中所列的文献条目应是作者参阅过的有实际价值的文献。

17.5.2　著录用符号

GB/T 7714—2015《信息与文献　参考文献著录规则》指出："本标准中的著录用符号为前置符。"例如 "."，用于题名项、析出文献题名项、其他责任者、析出文献其他责任者、连续出版物的"年卷期或其他标识"项、版本项、出版项、连续出版物中析出文献的出处项、获取和访问路径以及数字出版对象唯一标识符前。每一条参考文献的结尾可用 "." 号。":"，用于其他题名信息、出版者、引文页码、析出文献的页码、专利号前。","，用于同一著作方式的责任者、"等""译"字样、出版年、期刊年卷期标识中的年和卷号前。";"，用于同一责任者合订题名以及期刊后续的年卷期标识与页码前。"//"，用于专著中析出文献的出处项前。几个例外，例如"（ ）"，用于期刊年卷期标识中的期号、报纸的版次、电子资源的更新或修改日期以及非公元纪年的出版年。"[ ]"，用于括注文献序号、文献类型标志、电子资源的引用日期以及自拟的信息。"－"，用于起讫序号和起讫页码间。

标识符号与标点符号，形态相似，含义不同，不能混为一谈。

17.6　著录实例

实例 1

[参考文献]

[1] 薛　梅.青岛市实验幼儿园园本教研的个案研究 [D].济南：山东师范大学，2005.
[2] 危文品.走进校本教研——关于校本教研理念与内涵的研究 [J].湖北教育（教育教学版），2004（7）：6-8.
[3] 罗　娜.幼儿园园本教研现存问题及对策 [J].读写算（教研版），2014（7）.
[4] 陈洁琴.园本教研促进教师专业化成长 [J].福建教育，2016（35）.
[5] 詹　霞.立足本园实际　开展园本教研——我园"园本教研"点滴经验谈 [J].学前教育研究，2005（Z1）.
[6] 何寒飞.构建教学研究的基点与平台　着力促进教师的专业化成长——诸暨市浣纱幼儿园园本教研实践探索 [J].文教资料，2008（9）：149-151.
[7] 刘红磊.开展园本教研，促进教师发展 [J].新校园（阅读），2018（1）.

图 17-1　《求知导刊》（2021 年第 11 期）参考文献著录实例

图中的参考文献［2］［5］［6］中，副标题作为"其他题名信息"，之前的"——"应是标识符"："。这与图书在版编目的情况是一样的。

实例 2

这里，题名加了书名号，题名前的标识符用"："而非"."，引文页码直接写明"第 ×× 页"，都与 GB/T7714—2015《信息与文献　参考文献著录规则》规定的不同。见图 17-2。

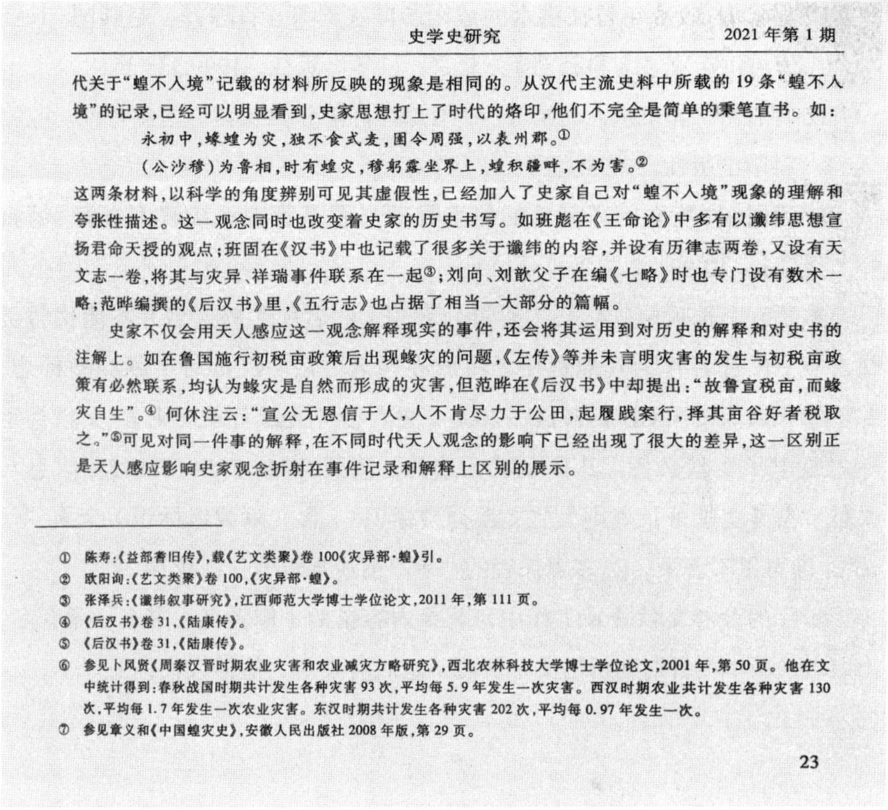

史学史研究　　　　　　　　　　　　2021 年第 1 期

代关于"蝗不入境"记载的材料所反映的现象是相同的。从汉代主流史料中所载的 19 条"蝗不入境"的记录，已经可以明显看到，史家思想打上了时代的烙印，他们不完全是简单的秉笔直书。如：

永初中，螽蝗为灾，独不食弘麦，围令周强，以襃州郡。①

（公沙穆）为鲁相，时有蝗灾，穆勤露坐界上，蝗积疆畔，不为害。②

这两条材料，以科学的角度辨认可见其虚假性。已经加入了史家自己对"蝗不入境"现象的理解和夸张性描述。这一观念同时也改变着史家的历史书写。如班彪在《王命论》中多有以谶纬思想宣扬君命天授的观点；班固在《汉书》中也记载了很多关于谶纬的内容，并设有历律志两卷，又设有天文志一卷，将其与灾异、祥瑞事件联系在一起③；刘向、刘歆父子在编《七略》时也专门设有数术一略；范晔编撰的《后汉书》里，《五行志》也占据了相当一大部分的篇幅。

史家不仅会用天人感应这一观念解释现实的事件，还会将其运用到对历史的解释和对史书的注解上。如鲁国施行初税亩政策后出现螽灾的问题，《左传》等并未言明灾害的发生与初税亩政策有必然联系，均认为螽灾是自然而形成的灾害，但范晔在《后汉书》中却提出："故鲁宣税亩，而螽灾自生"。④ 何休注云："宣公无恩信于人，人不肯尽力于公田，起履践案行，择其亩谷好者税取之。"⑤ 可见对同一件事的解释，在不同时代天人观念的影响下已经出现了很大的差异，这一区别正是天人感应影响史家观念折射在事件记录和解释上区别的展示。

---

① 陈寿:《益部耆旧传》,载《艺文类聚》卷 100《灾异部·蝗》引。
② 欧阳询:《艺文类聚》卷 100,《灾异部·蝗》。
③ 张泽兵:《谶纬叙事研究》,江西师范大学博士学位论文,2011 年,第 111 页。
④ 《后汉书》卷 31,《陆康传》。
⑤ 《后汉书》卷 31,《陆康传》。
⑥ 参见卜风贤《周秦汉晋时期农业灾害和农业减灾方略研究》,西北农林科技大学博士学位论文,2001 年,第 50 页。他在文中统计得到:春秋战国时期共计发生各种灾害 93 次,平均每 5.9 年发生一次灾害。西汉时期农业共计发生各种灾害 130 次,平均每 1.7 年发生一次农业灾害。东汉时期共计发生各种灾害 202 次,平均每 0.97 年发生一次。
⑦ 参见章义和《中国蝗灾史》,安徽人民出版社 2008 年版,第 29 页。

图 17-2 《史学史研究》（2021 年第 1 期）参考文献著录实例

这种著录方法，直观易懂，便利读者，实际在社会科学文献中普遍使用，年代已久。在 CY/T121—2015《学术出版规范　注释》中给出的出处注的示例，采用的便是这种形式。这也引出了不同标准规定不同的问题，需要研究解决。

实例3

2009 年度出版专业技术人员职业资格考试"出版专业实务·中级"试题:

38.下列文后参考文献著录中，著录项目和符号无误的是（　　）。

A.邓小平军事文集:第 1 卷.北京:军事科学出版社,中央文献出版社.

B.尼葛洛庞帝著,胡泳,范海燕,译.数字化生存.海口:海南出版社,
1996.

C. 程根伟.1998年长江洪水的成因与减灾对策 // 许厚泽，赵其国.长江流域洪涝灾害与科技对策.北京：科学出版社，1999:32－36.

D. 蒋有绪，郭泉水，马娟等.中国森林群落分类及其群落学特征.北京；科学出版社，1998.

E. 江向东.互联网环境下的信息处理与图书管理系统解决方案.情报学报，1999（2）：2.

本题五个选项中，A.缺主要责任者项。题名项中的人名并不能代替责任者项。B.译者作为其他责任者应放在题名之后。C.没有文献类型标志，并不错，因为按照 GB/T 7714—2005《文后参考文献著录规则》，文献类型标志是电子文献必备，其他文献任选的；按照 GB/T 7714—2015《信息与文献　参考文献著录规则》，"文献类型标识"（含文献载体标识）全属"任选"，即可以不著录。D.多责任者的"等"前应加逗号。E.无误。

实际的参考文献著录工作中，著录内容错的（作者名、书名、译者名，出版者、版本项目期刊析出文字页码）也时有发生，值得人们注意。

18　附　录

　　附录通常是附在正文后面的与本书主题有关的文章或参考资料。往往是难以置于正文之中的具有一定独立性的有相当篇幅的文献。有时则泛指图书的后辅文。

　　附录与图书主题的相关性是其重要特点。从一部工具书的附录配置常可以看出此工具书的性质。

　　例如,《现代汉语词典》(第7版)附录有:我国历代纪元表、计量单位表、汉字偏旁名称表、汉语拼音方案、元素周期表、中国地图。

　　《辞海》(1999年版缩印本)附录有:中国历史纪年表、中华人民共和国行政区划简表、常见组织机构名简称表、中国少数民族分布简表、世界国家和地区简表、世界货币名称一览表、计量单位表、基本常数表、天文数据表、国际原子量表(1997年)、元素周期表、汉语拼音方案、国际音标表。

　　《中国大百科全书》(第二版)附录有:世界大事年表、世界各国(地区)简表、中国历史纪年表、诺贝尔奖获得者名单、中国科学院院士名单、中国工程院院士名单、世界遗产名录、全国重点文物保护单位名单、国家级非物质文化遗产名录、中华人民共和国法定计量单位、常用非法定计量单位与非法定计量单位的对照及换算表、数学符号表。

　　显然,《现代汉语词典》的附录显示着语文词典的特性,《辞海》的附录配置显示了兼有语文词典和百科词典功能的大型综合性辞典的特性,《中国大百科全书》的附录配置显示了大型综合性百科全书的知识性。

　　再如,《人类基因组编辑:科学、伦理和监管》(美国国家科学院、美国国家医学院主编,人类基因编辑:科学、医学和伦理委员会提交报告,科学出版社，2019）附录有：附录 A 基因组编辑的基础科学；附录 B 国际研究监管制度；附录 C 数据来源和方法；附录 D 委员会成员履历；附录 E 术语表。

《星星离我们有多远》（卞毓麟著．"名著导读"名家讲解版．岳麓书社，2018）附录则是两篇书评：评《星星离我们有多远》、知识筑成了通向遥远距离的阶梯——读《星星离我们有多远》。

显然，辞书、学术专著和科普读物的附录选用标准并不一样。

19　大事年表

　　大事年表是按年代顺序记载重要事件的表格。又称"大事记"。兼备参考性和检索性功能。附于某本图书的大事年表多为该书正文内容的筛选、提炼，亦有提供全面背景的。

　　大事年表一般由作者完成，但编辑的审核与编辑加工工作量通常比较繁重，有时就需要由编辑动手编撰。

　　大事年表通常以时间顺序排列，一事一条。有大事则记，不需要逐年记述。不像普通的年表那样每年都要有所著录。

　　大事年表的编写通常为编年体，必要时辅以纪事本末体。

　　关于"大事"，专家认为："大事记主要是以事系人，而不是以人系事。但是对于本学科非常重要的人物，仍不妨以其诞生和成功业绩作为大事记的主题。究竟什么是大事？大到什么程度才算大事？这在编写大事记时常是令人困惑的问题。绝对的标准是没有的，但原则上可以认为，具有开创性的、里程碑意义的、划时代的和促进学科发展的关键事实都是大事，具体如起始的渊源，奠基之举，对学科建立有重大影响的发展、发明和建树，划时代的创造，学科重要分支和理论学说的创立，重要学派和思潮观点的形成，经典性著作的发表，重要假定的提出和证明等，都可以算作学科的大事。"[①]

　　大事年表事条的时间上限要起自学科或知识领域建立之前的渊源追溯，下限一般要延至成书为止。例如，《中国大百科全书·天文学》的"天文学大事年表"，首条为"公元前十四世纪·中国留存最早的新星记录·埃及留

---

① 金常政.百科全书学 [M].北京：中国大百科全书出版社，2000:119-120.

存最古的漏壶"，最后一条为本卷出版前一年的"公元1979年·美国发现木星光环·美国发现双类星体"。

根据图书的学科属性，综合性图书的大事年表的事条要有综合性，兼顾中外、古今以及文理各个学科，避免轻重失调，做到放眼世界，侧重中国；古今兼有，注重现代。具体而言，还要注意选事平衡、篇幅平衡、用语平衡。[①]

编制的原则是全面而详略得当、简洁而有利参考。事条要有科学性，资料要逐条核实，史实、数据、论断等都要与正文内容相符，不能歧异、矛盾。所以专项统一工作是编制大事年表的必要程序。

《中国大百科全书》第一版各卷一般附有本学科大事年表。《中国大百科全书·体育》大事年表片段有一定代表性。见图19-1。第二版附有多学科综合的"世界大事年表"。

大事年表亦可独立成书。如有《中国历代大事年表》（杜文玉，北京：商务印书馆国际有限公司，2017）、《中国历史大事年表》（沈起炜，上海：上海辞书出版社，1983）、《中国书法大事年表》（张天弓，上海：上海书画出版社，2012）、《世界历史年表》（中国社会科学院世界历史研究所编，北京：中国社会科学出版社，2019）等。

普通年表，一般收录内容较多，记载较详，往往独立成书。有时，内容稍简的年表也作为图书的附录，成为辅文。

"牛顿的生平和著作年表"有相当篇幅，而作为牛顿去世后出版的遗作《论宇宙的体系》的附录，还是挺合适的。见图19-2。

---

① 黄鸿森.编写《中国大百科全书》第二版附录"大事年表"的一些设想[M]//胡人瑞，朱杰军主编.大型综合性百科全书编纂的理论与运作.北京：中国大百科全书出版社，2007：366-378.

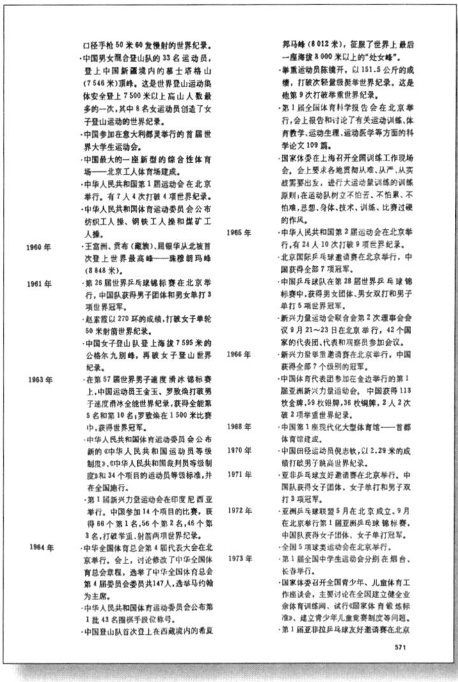

口径手枪50米60发慢射的世界纪录。
·中国男女混合登山队的33名运动员，登上中国新疆境内的慕士塔格山(7 546米)顶峰。这是世界登山运动集体安全登上7 500米以上高山人数最多的一次，其中8名女运动员创造了女子登山运动的世界纪录。
·中国参加在意大利都灵举行的首届世界大学生运动会。
·中国最大的一座新型的综合性体育场——北京工人体育场建成。
·中华人民共和国第1届运动会在北京举行。有7人4次打破4项世界纪录。
·中华人民共和国体育运动委员会公布纺织工人操、钢铁工人操和煤矿工人操。

1960年 ·王富洲、贡布(藏族)、屈银华从北坡首次登上世界最高峰——珠穆朗玛峰(8 848米)。

1961年 ·第26届世界乒乓球锦标赛在北京举行，中国队获得男子团体和男女单打3项世界冠军。
·赵素霞以270环的成绩，打破女子单轮50米射箭世界纪录。
·中国女子登山队登上海拔7 595米的公格尔九别峰，再破女子登山世界纪录。

1963年 ·在第57届世界男子速度滑冰锦标赛上，中国运动员王金玉、罗致焕打破男子速度滑冰全能世界纪录，获得全能第5名和第10名；罗致焕在1 500米比赛中，获得世界冠军。
·中华人民共和国体育运动委员会公布新的《中华人民共和国运动员等级制度》、《中华人民共和国裁判员等级制度》和34个项目的运动员等级标准，并在全国施行。
·第1届新兴力量运动会在印度尼西亚举行。中国参加14个项目的比赛，获得66个第1名，56个第2名，46个第3名，打破举重、射箭两项世界纪录。

1964年 ·中华全国体育总会第4届代表大会在北京举行。会上，讨论修改了中华全国体育总会章程，选举了中华全国体育总会第4届委员会委员共147人，选举马约翰为主席。
·中华人民共和国体育运动委员会公布第1批43名围棋手段位称号。
·中国登山队首次登上在西藏境内的希夏邦马峰(8 012米)，征服了世界上最后一座海拔8 000米以上的"处女峰"。
·举重运动员陈镜开，以151.5公斤的成绩，打破次轻量级挺举世界纪录。这是他第9次打破举重世界纪录。
·第1届全国体育科学报告会在北京举行，会上报告和讨论了有关运动训练、体育教学、运动生理、运动医学等方面的科学论文109篇。
·国家体委在上海召开全国训练工作现场会。会上要求各地贯彻从难、从严、从实战需要出发，进行大运动量训练的训练原则；在运动队树立不怕苦、不怕累、不怕难，思想、身体、技术、训练、比赛过硬的作风。

1965年 ·中华人民共和国第2届运动会在北京举行，有24人10次打破9项世界纪录。
·北京国际乒乓球邀请赛在北京举行，中国获得全部7项冠军。
·中国乒乓球队在第28届世界乒乓球锦标赛中，获得男女团体、男女双打和男子单打5项世界冠军。
·新兴力量运动会联合会第2次理事会会议9月21～23日在北京举行，42个国家的代表团、代表和观察员参加会议。

1966年 ·新兴力量举重邀请赛在北京举行，中国获得全部7个级别的冠军。
·中国体育代表团参加在金边举行的第1届亚洲新兴力量运动会。中国获得113枚金牌，59枚银牌，36枚铜牌，2人2次破2项举重世界纪录。

1968年 ·中国第1座现代化大型体育馆——首都体育馆建成。

1970年 ·中国田径运动员倪志钦，以2.29米的成绩打破男子跳高世界纪录。

1971年 ·亚非乒乓球友好邀请赛在北京举行。中国队获得女子团体、女子单打和男子双打3项冠军。

1972年 ·亚洲乒乓球联盟5月在北京成立，9月在北京举行第1届亚洲乒乓球锦标赛，中国队获得女子团体、女子单打冠军。
·全国5项球类运动会在北京举行。

1973年 ·第1届全国中学生运动会分别在烟台、长春举行。
·国家体委召开全国青少年、儿童体育工作座谈会，主要讨论在全国建立健全业余体育训练网、试行《国家体育锻炼标准》、建立青少年儿童竞赛制度等问题。
·第1届亚非拉乒乓球友好邀请赛在北京

571

图19-1 《中国大百科全书·体育》大事年表

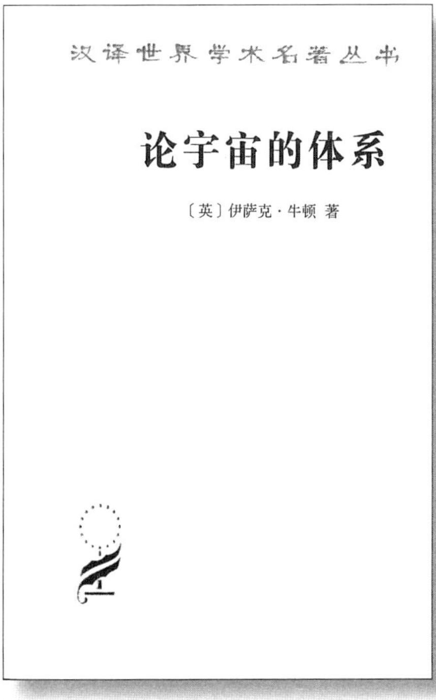

汉译世界学术名著丛书

论宇宙的体系

〔英〕伊萨克·牛顿 著

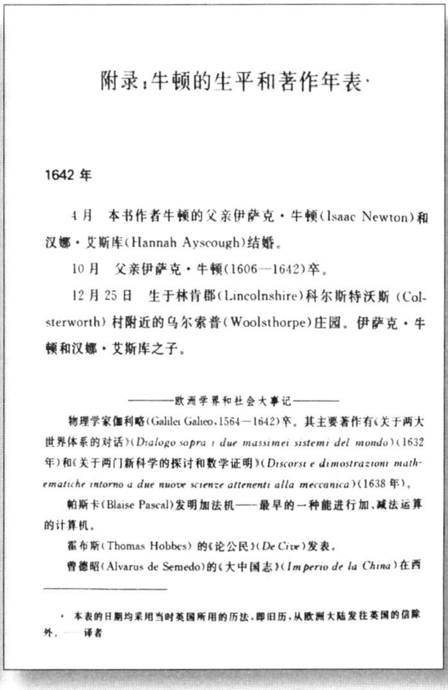

附录：牛顿的生平和著作年表·

1642年

4月 本书作者牛顿的父亲伊萨克·牛顿(Isaac Newton)和汉娜·艾斯库(Hannah Ayscough)结婚。

10月 父亲伊萨克·牛顿(1606—1642)卒。

12月25日 生于林肯郡(Lincolnshire)科尔斯特沃斯(Colsterworth)村附近的乌尔索普(Woolsthorpe)庄园。伊萨克·牛顿和汉娜·艾斯库之子。

——欧洲学界和社会大事记——

物理学家伽利略(Galilei Galieo，1564—1642)卒。其主要著作有《关于两大世界体系的对话》(*Dialogo sopra i due massimei sistemi del mondo*)(1632年)和《关于两门新科学的探讨和数学证明》(*Discorsi e dimostrazioni matematiche intorno a due nuove scienze attenenti alla meccanica*)(1638年)。

帕斯卡(Blaise Pascal)发明加法机——最早的一种能进行加、减法运算的计算机。

霍布斯(Thomas Hobbes)的《论公民》(*De Cive*)发表。

曾德昭(Alvarus de Semedo)的《大中国志》(*Imperio de la China*)在西

· 本表的日期均采用当时英国所用的历法，即旧历，从欧洲大陆发往英国的信除外。——译者

图19-2 《论宇宙的体系》面封和"附录：牛顿的生平和著作年表"局部

20　索引

20.1　概述

　　索引，顾名思义，是"检索的指引"。清以前有"韵编""索隐""检目""便检""备检"等名目，清代称为"通检"。民国初年曾由英文 index 音译为"引得"。1905 年日本人将其译为"索引"，1917 年林语堂将"索引"一词引入国内。①

　　全国出版专业职业资格考试辅导教材《出版专业实务·中级》定义索引"是将图书正文中的专项或多项内容加以摘录、标明所在页码、按一定次序编排的检索工具"。新闻出版行业标准 CY/T 50—2008《出版术语》定义索引为"汇集书刊中包含的字词、语句、名词、事件、编号等主题，以适当方式编排，指引读者查找的检索工具"。国家标准 GB/T 22466—2008《索引编制规则（总则）》定义索引是："指向文献或文献集合中的概念、语词及其他项目等的信息检索工具，由一系列款目及参照组成，索引款目不按照文献或文献集合自身的次序排列，而是按照字顺的或其他可检的顺序编排。"

　　定义是"对于一种事物的本质特征或一个概念的内涵和外延的确切而简要的说明"。推敲起来，感觉以上定义都附带有某些并非本质特征的说明，显

---

① 印永清．中国索引发展史略 [M] // 中国索引学会．中国索引学论文集（1991—2011）．上海：上海辞书出版社，2012：156.

得啰唆，或者说，都不够符合形式逻辑学的定义规范。笔者觉得，可以简单理解为：指引文献中有用信息位置的检索工具。好的索引应该是款目齐全，编排科学，易于检索的。索引的编制应力求实用、规范、简明、便捷、完备。

有学者注意到："殷商甲骨文时期的卜辞已有一定秩序的编排方法和收藏方法。其法将龟甲每六片编成一册，并按月日之先后秩序加以收藏以便检索使用，这显已具有索引的雏形。"①汉以后，出现类书，采辑群籍，或以类分，或以字别，每条资料注明出处，如魏晋南北朝时的《皇览》，已具有很强索引功能。有人明确提出并论证类书就是中国古代的索引。②梁元帝（508—554）时编的《古今同姓名录》可称为中国人名索引的雏形。明代《永乐大典》作为古代最大的类书，"用韵以统字，因字以系事"，检索已经十分便利。明末傅山的《两汉书姓名韵》，将《汉书》《后汉书》中的人名分韵编排，详注出处，是我国最早的具有完备索引概念的人名索引。清嘉庆年间阮元组织编成的《经籍籑诂》，依韵排列，相当于一部群经索引。晚清以古典文献的整理与考订为己任的考据学占据了学术的主流，与此相适应的索引编制方法和理论应运而生，其中章学诚（1738—1803）就提出了别裁、互见以及索引分类方法。1917年林语堂提议创设汉字索引。1925年杜定友首创"书后索引"，中华图书馆协会下设索引委员会，对索引事业起了重要作用。1991年中国索引学会成立。2003年《中国索引》杂志创刊。

国外13世纪已有《圣经》的索引，1737年出版体例完备的《圣经索引》。19世纪初，英国有人建议图书出版必须附有索引，否则不予版权登记，还要罚款。1848年美国普尔编制了世界上第一本多种杂志的论文索引。③

20世纪70年代以来国际标准化组织制订了多个索引国际标准。例如ISO 999：1975《文献工作　出版物索引》、ISO/TC46/WG46：1987《文献工

① 蔡武.汉学索引发展史简编[M]//天一出版社编辑部编.索引编制法论丛.台北：天一出版社，1979：32.
② 戴维民.索引的历史发展与未来趋向[M]//中国索引学会.中国索引学论文集（1991—2011）.上海：上海辞书出版社，2012：163.
③ 太湖永清.索引发展史［Z/OL］.(2006-06-24)[2019-12-16] http://blog.sina.com.cn/s/blog_49496314010004er.html.

作 索引的编制》、ISO999：1996《文献工作 索引的内容、组织和表示准则》。英国、美国、葡萄牙、比利时、印度、德国也相继在 20 世纪 70—90年代制订了索引编制的国家标准。

我国台湾地区 1993 年发布了 CNS 13223《索引编制标准》，2003 年发布了这个标准的修订版。

中国国家标准 GB/T 22466—2008《索引编制规则（总则）》于 2008 年11 月 3 日发布，于 2009 年 4 月 1 日实施。

众所周知，两岸专业术语多有不同，诸如：军事，远程导弹—长程飞弹；计算机，软件—软体，项目—专案；生物，熊猫—猫熊。而关于索引的这两个标准的术语体系基本一致。感觉是台湾地区先入为主了。

目前中外百科全书普遍配有多种索引。一部没有索引的百科全书，不能认为是健全的百科全书（遗憾的是，国内的确有不设索引而名为"百科全书"的）。

学术著作亦应配有索引，这在外国图书中已经习见了。

《医学地质学——自然环境对公共健康的影响》（*Essentials of Medical Geology——Impacts of the Natural Environment on Public Health*，北京：科学出版社，2009），1338 千字，目录列有 4 个部分，31 章（无节），3 个附录，总共不到 40 个检索单元。书后设有 3 个索引：元素索引、国家与地区索引、人物索引，计有 1100 多个检索点。这才让读者能方便地了解书中的内容。见图 20-1。

《科学史及其与哲学和宗教的关系》（〔英〕W. C. 丹皮尔著，李珩译，北京：商务印书馆，1979）配有元素索引、国家与地区索引、人名索引，共约1300 条。

有的翻译书，索引翻译过来，页码没变，对不上了，导致索引失效；有的原文本来有索引，译成中文时，却为了省事而把索引舍弃了。这不能不说是遗憾的事。

国内的学术著作编制索引的还比较少见。无疑，这是一片值得开发的土地。

曾有负责同志在重要会议上提出，"要在中国出版政府奖、国家出版基

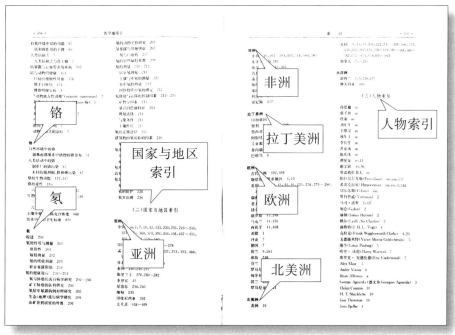

图 20-1 《医学地质学——自然环境对公共健康的影响》索引

金和'三个一百'原创出版工程的评审标准中增加一条：凡是索引、注释不规范的图书一律取消评审资格"。

20.2 标目与款目

索引词，表示文献信息内容的词语，是索引的核心要素。通称为"标目"。

在有些索引中，单单看标目，还不能确定信息内容。例如一些人名，作品名，多有同名的问题，需要加以区分。这可以通过添加说明项来解决。GB/T 22466—2008《索引编制规则（总则）》中有关于术语"限义词""注释"的规定。

当然，信息的具体位置，通常是卷册、页码及页面区位，即出处项，是绝对不能少的。

曾有百科全书编辑将标目、说明项、出处项称为索引三要素。

一个标目（必要时加上其说明项）与其出处项，构成一个款目。款目是索引的基本结构单元。

20.3　索引分类

索引按其在文献检索中的功用分，可分为文献内容索引、文献篇目索引；按索引的标目分，可分为主题索引、作者索引、人名索引、地名索引、题名索引、名词术语索引、代码索引、文献索引、综合索引、引文索引等；按索引的编排和组织方式分，可分为字顺索引、分类索引、分类-字顺索引等；按索引发表、出版方式分，可分为附录式索引（书后索引）、单行索引（单卷索引）、索引期刊等；按索引的载体分，可分为印刷型索引、缩微型索引、电子索引等。

人们日常所见的汉语拼音索引、笔画笔形索引、四角号码索引都是字顺索引。辞书的"检字表"实际也是字顺索引。

传统上，按编制形式有简式索引和复式索引的说法。

（1）文献内容索引、文献篇目索引

GB/T 22466—2008《索引编制规则（总则）》称："按索引在文献检索中的功用分，可分为文献内容索引、文献篇目索引。""文献内容索引是指直接检索事实情报的索引。以文献中的局部内容主题（及主题因素）及其他索引项为标引对象，例如图书内容索引（或称书后索引）、学位论文内容索引、专利内容索引等。""文献篇目索引，又称文献源索引、题录索引。标引的对象是文献的整体主题及局部主题，或者是文献的外部特征，检索的结果是相关主题文献的线索。例如分类索引、书名索引、报刊索引等。"

所称文献内容索引，百科全书编辑习称内容分析索引；文献篇目索引，我把它理解为文献结构单元索引。

我们知道，人们日常最常用的索引是在辞书之中。辞书之中，字典的基本结构单元是字条，词典的基本结构单元是词条，百科全书的基本结构单元是条目。图书的基本结构单元则是章节。字条的字，词条的词，百科全书条目名，都可以作为索引的标目。

索引是辞书的必备结构部件。例如人们查字典的单字，查词典的词目，查百科全书的条目，有人习惯按汉语拼音查，有人习惯按部首笔画查，但一本辞书的结构单元只能按一种顺序编排，为了适应不同查阅习惯的读者，需要配备相应的检索渠道。索引就满足了这种需求。例如，《辞海》（1999年版）正文单字按部首顺序排列，字头之下列词目，配有笔画索引、汉语拼音索引、四角号码索引和词目外文索引。《辞海》（2009年版）正文按汉语拼音排序，正文后附有部首索引、笔画索引、四角号码索引、词目外文索引。字、词、词组，甚至短句，总之是以文献基本结构单元的标题为基础编制索引。应注意所言"篇目"不只包括篇，还包括作为文献基本结构单元题目的字、词。所以似乎可以称之为内容结构单元索引。

对于结构单元较大的学术著作、论文和百科全书，结构单元索引就不够用了。要了解图书的内容，人们会查看目录。然而，目录中的一个章节、小节之内仍可能含有许多可供检索的信息。百科全书的一个条目之内也可能含有许多可供检索的信息。例如，《大美百科全书》（北京：外文出版社、光复书局，1994）有5000万字，6万个条目，而它的释文中含有的有检索价值的资料有35万条。利用这些资料编制索引，就成为"内容分析索引"，又称"主题索引"，通常简称为索引。也就是说，我们日常所说的索引，很多指的就是内容分析索引。《中国大百科全书》第一版总计74卷（含总索引卷）、78076条、13036.6万字，其索引总量约40万条。除内容分析索引外，它还有条目汉字笔画索引、条目外文索引。它是按学科分卷，每卷的条目按汉语拼音顺序编排，而其条目分类目录实际也是一种索引。

如此来理解，可以认为内容分析索引和结构单元索引的区分源于提取索引词的位置的差异。

（2）简式索引与复式索引

简式索引中，所有索引词（标目）的地位是平等的，按照统一的规则编排。这是我们常使用的索引。

复式索引中，一个索引词之下可能还列有细分的若干与其相关的索引词。也可以说，有标目和子标目的分别。一个索引词可能既在一处列为标目，同时又在另外若干处列为子标目，这也是这种索引被称为“复式”的缘故。无疑，这种方式更便于读者全面、细致地了解知识主题的知识。

我们在翻译成中文的《大美百科全书》《阶梯新世纪百科全书》中可以看到复式索引。

我们看到，索引标目“太空探测”之下，列有“人造卫星”“土星”“天文台”“太阳”“月球”“火星”等41个子标目。通过这41个子标目，可以

```
┄┄┄ Solar parallax (astron.)
  20-459、460
太阳舞 SUN DANCE (Amerind)
  8-200; 26-12
  太阳崇拜 26-13
  平原区印第安人 15-20
  雷鸟 26-476
太阳勋章 Sun, Order of (Peru)
  8-309
太阳历书 Solar ephemeris (astron.)
  26-511
太阳灯 SUNLAMP 26-21
太阳辐射 Solar radiation (phys.)
  25-153、26-11
  大气 2-400、401
  天文学 2-370
  生态学 9-290
  空气污染 1-227
  风 29-18
  气候 6-481、484
  气象 28-429
  紫外线辐射 27-265
  温室效应 13-151; 28-429
  电离层 15-232
  热 13-460
太阳虫 Heliozoans (zool.) 22-474
太阳炉 Solar furnace (phys.) 25-154
太阳摄谱仪 Spectroheliograph
  (astron.) 2-375、379
太极拳 Tai chi (martial art) 18-216、
  217
冥想 18-372
太甫绥鲁 Tafsir (Koran commentary)
  15-323
太和河。太加斯河 TAGUS, riv., Sp.-
  Port. 22-313; 26-162
  图 17-349
太普特 Taishet, USSR 24-524
太空人 (航天员)ASTRONAUTS 2-361、
  362;25-268、274

┄┄┄ ┄┄┄
太空侦测与监视系统 Space Detection
  and Tracking System (SPADATS)
  (NORAD) 1-222
太空动力学 Astrodynamics (sci.)
  2-360
太空探测 SPACE EXPLORATION
  22-155、25-265
  人造卫星 24-194
  土星 24-199
  不明飞行物体(幽浮) 27-277
  天文台 20-458
  天文物理学 2-377
  天文学 2-370
  天体力学 5-465
  航天员 2-362
  外层空间法 25-288
  太空学 2-360
  太阳 26-11
  日本 15-522
  月球 19-277
  木星 16-157
  水星 18-422
  火星 2-370; 18-203
  火箭 23-364
  卡纳维拉尔角 5-230
  外太空生物 10-377、378
  宇宙 27-538
  宇宙辐射 7-454
  法国 11-333
  金星 28-80
  阿波罗计划 25-275
  美国国家航空和宇宙航行局 19-471
  范艾伦辐射带 28-19
  降落伞 21-262
  飞机 1-247
  气球 3-71
  航天工业 1-124
  国际地球物理年 15-200
  望远镜 26-282

  月球 19-277
  火星 18-204
  地图 18-161
  金星 28-80
太学 Imperial University, anc. school,
  China 6-252、254
太初巨人 YMIR (myth.) 24-223;
  29-23-74
太原 TAIYUAN, China：
  山西省 24-432
太宰治 Dazai Osamu (Jap. au.)
  15-520
太宰春台 Shundai, Dazai (Jap. philos.)
  15-468
太潘蛇 Taipan (zool.) 2-448
犬心丝虫病 Heartworm (vet. med.)
  28-119
  狗 9-72
  蚊 19-318
犬牙石首鱼(Cynoscion mac-
  donaldi) Totuava (fish) 9-185
犬亚科 Caninae (dog subfamily)
  9-74
犬舍 Doghouse 9-63
犬科 DOG FAMILY (zool.) 9-73
  亚洲豺犬 8-435
  狗 9-60
  狐 11-303
  胡狼 15-418
  狼 29-59
  貉 23-74
  游戏 22-192
  澳洲野犬 8-483
  聊狐 10-474
  丛林犬 4-519
  丛林狼 8-13
  濒临绝种的物种 10-374
  兽医学 28-117
犬科 Canidae (zool.) 5-205
```

图20-2　《大美百科全书》63页索引局部

检索到更全面的有关太空探测的知识。见图20-2。

而在105页标目“火星”之下，则列有“小行星”“太阳系”等17个子标目。见图20-3。

显然，复式索引可以大大便利读者检索。自然，复式索引的编制，要比

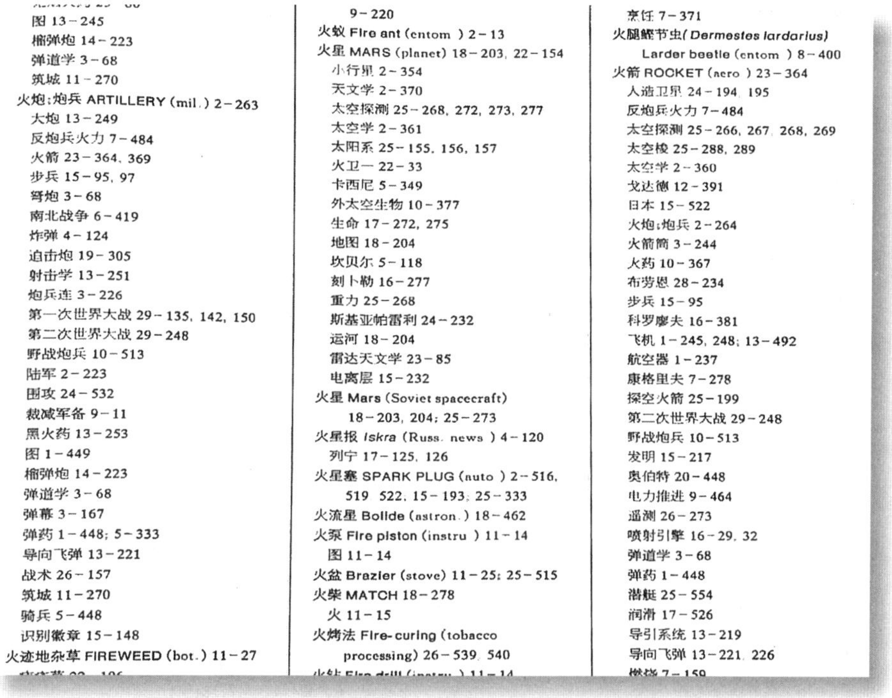
图 13-245
榴弹炮 14-223
弹道学 3-68
筑城 11-270
火炮;炮兵 ARTILLERY (mil.) 2-263
大炮 13-249
反炮兵火力 7-484
火箭 23-364、369
步兵 15-95, 97
弩炮 3-68
南北战争 6-419
炸弹 4-124
迫击炮 19-305
射击学 13-251
炮兵连 3-226
第一次世界大战 29-135, 142, 150
第二次世界大战 29-248
野战炮兵 10-513
陆军 2-223
围攻 24-532
裁减军备 9-11
黑火药 13-253
图 1-449
榴弹炮 14-223
弹道学 3-68
弹幕 3-167
弹药 1-448; 5-333
导向飞弹 13-221
战术 26-157
筑城 11-270
骑兵 5-448
识别徽章 15-148
火迹地杂草 FIREWEED (bot.) 11-27

9-220
火蚁 Fire ant (entom.) 2-13
火星 MARS (planet) 18-203, 22-154
小行星 2-354
天文学 2-370
太空探测 25-268, 272, 273, 277
太空学 2-361
太阳系 25-155, 156, 157
火卫一 22-33
卡西尼 5-349
外太空生物 10-377
生命 17-272, 275
地图 18-204
坎贝尔 5-118
刻卜勒 16-277
重力 25-268
斯基亚帕雷利 24-232
运河 18-204
雷达天文学 23-85
电离层 15-232
火星 Mars (Soviet spacecraft) 18-203, 204; 25-273
火星报 *Iskra* (Russ. news.) 4-120
列宁 17-125, 126
火星塞 SPARK PLUG (auto.) 2-516, 519, 522, 15-193; 25-333
火流星 Bolide (astron.) 18-462
火泵 Fire piston (instru.) 11-14
图 11-14
火盆 Brazier (stove) 11-25; 25-515
火柴 MATCH 18-278
火 11-15
火烤法 Fire-curing (tobacco processing) 26-539, 540

烹饪 7-371
火腿鲣节虫(*Dermestes lardarius*) Larder beetle (entom.) 8-400
火箭 ROCKET (aero.) 23-364
人造卫星 24-194, 195
反炮兵火力 7-484
太空探测 25-266, 267, 268, 269
太空梭 25-288, 289
太空学 2-360
戈达德 12-391
日本 15-522
火炮;炮兵 2-264
火箭筒 3-244
火药 10-367
布劳恩 28-234
步兵 15-95
科罗廖夫 16-381
飞机 1-245, 248; 13-492
航空器 1-237
康格里夫 7-278
探空火箭 25-199
第二次世界大战 29-248
野战炮兵 10-513
发明 15-217
奥伯特 20-448
电力推进 9-464
遥测 26-273
喷射引擎 16-29, 32
弹道学 3-68
弹药 1-448
潜艇 25-554
润滑 17-526
导引系统 13-219
导向飞弹 13-221, 226

图 20-3 《大美百科全书》105 页索引局部

简式索引复杂得多。因而国内采用较少。

也有些图书的索引显示出突破简式索引的努力。

可以看到，“咖啡碱”之下分列“含于茶中 2：227”“含于可可豆中 13:39”等。不过，巡检“茶”“可可”之下并没有“咖啡碱”之类的内容。见图 20-4。

跟《大美百科全书》和《阶梯新世纪百科全书》的复式索引比起来，《化工百科全书》的索引只能算是“半复式索引”。《中国出版年鉴》的索引与此类似，在一级标目之下列有二级标目。

在国家标准《索引编制规则（总则）》和台湾地区《索引编制标准》中没有简式索引和复式索引的说法。但在标准中有“副标目”“次副标目”的提法。

《索引编制规则（总则）》：

K

ka

咖啡 2:225;9:611
咖啡代用品 9:620
咖啡碱
　　含于茶中 2:227
　　含于可可豆中 13:39
　　含于食品中 14:814
　　以重结晶法拆分的光学活性碱 6:309
咖啡酸 [331-39-5]
　　存在于植物中 16:16
　　含于葵花籽中 4:327
咖啡酸胺 16:17
咖啡因 [58-08-2] 14:425,480;16:10;18:80
　　含于咖啡中的强力兴奋作用成分 9:614
　　过量引起中毒 14:797
　　以醋酐为原料生产 2:709
　　用超临界 CO_2 从咖啡豆中去除 2:333
　　用以治疗水肿 10:322,343
　　用作中枢兴奋药 18:562
　　用作重氮复印的助溶剂 5:302
咖坡林 [478-14-8] 14:449
卡巴胆碱 [51-83-2]
　　用作药物 2:877,880
卡巴多司

用作抗阿米巴原虫药 9:878
卡拜铼类配合物 10:218
卡比沙明 [486-16-8]
　　用作组胺 H_1 受体拮抗药 19:1121
卡必醇 [111-90-0] 11:633
卡宾插入反应 19:155
卡宾铼类配合物 10:218
卡波卡因 11:324 见甲哌卡因盐酸盐
卡波醌 [24279-91-2]
　　用作抗肿瘤药 9:908
卡波霉素 9:771
卡铂 [41575-94-4]
　　金属类抗肿瘤药 9:931
卡氮芥 [154-93-8]
　　用作抗肿瘤药 9:909
卡德特反应 14:176
卡尔-费休法
　　用以测定微量水 17:1098
卡尔·费休试剂
　　用于测定尿素中的水含量 12:387
卡尔曼滤波器 8:9
卡耳酸 [486-54-4] 12:225
卡介苗 11:747;18:941
卡拉胶 14:1046
　　从海藻工业生产制得 19:264

图 20-4 《化工百科全书》索引卷 456 页局部

　　索引副标目 subheading 从属于主标目、用来表示从属或限定关系的标目，使标目含义更为专指。

CNS13223：2003《索引编制标准》：

　　索引副标目（index subheading）在某一标目之下，用以指示与该标目有附属或修饰的关系。副标目之下可以再行复分为若干个附属的标目。

　　可以看出，所说复式索引就是具有标准中所称副标目的索引。
　　但在笔者看来，标目与副标目不像是正副关系，倒是更像父子关系，所以这里仍使用"子标目"的提法，使用简式索引、复式索引的概念。

20.4　索引规模

索引规模通常与被标引文献的规模、索引项的类型和数量、标引深度、索引语言词汇的数量和专指度、索引出处项的类型、索引版式等因素直接相关。

（1）标引深度

索引的标引深度，又称穷举度。标引深度越大，给出标引词越多，意味着索引款目数量越大，对文献（或文献集合）的揭示就越细致、全面，提供的检索途径就越多。

（2）百科全书的内容分析索引规模

百科全书条目长短不同，释文中含有丰富信息，要用分析索引揭示其中的有用信息，索引应该具有一定的数量。如果索引数量偏少，势必难以充分展示有用信息。但也并非越多越好。一方面涉及编制索引和出版过程需要的人力、财力，另一方面篇幅过大，读者查找内容所花时间也会增加。因此需要设计适当的索引规模。

曾有专家比较过《中国大百科全书》第一版若干卷条目数与索引数的比例:《中国文学》, 1:5.2;《电子学与计算机》, 1:5.6;《气·海·水》1:5.5;《力学》, 1:5.02;《体育》, 1:5.7。

不同百科全书条目的平均字数差异很大。例如,《中国大百科全书》第一版平均每条约 1600 字, 第二版平均每条约 1000 字;《中国资源科学百科全书》2 卷、2589 条、328 万字, 平均每条近 1300 字;《不列颠百科全书》（国际中文版）20 卷、8.16 万条、4350 万字, 平均每条约 530 字;《中国百科大辞典》10 卷、5.5 万条、1873 万字, 平均每条约 340 字;《辞海》（1999 年版）字头及其下词目 122835 条, 字数 1708 万, 平均每条 140 字。因此, 单纯考察条目数与索引数的比例也许有时难以说明问题, 考察索引数量, 笔者更愿意拿索引数量跟字数做比较。见表 20-1。

表 20-1　几种百科全书索引数量的比较表

书名	条目数	字数	索引数	字数／索引
不列颠百科全书（国际中文版版）	8.16 万	4350 万	（原版）172400（指向 475105 处）	256
大美百科全书	6 万	5000 万	35 万	142
中国大百科全书（第一版）	7.8 万	12600 万	40 万	315
中国大百科全书（第二版）	6 万	6000 万	36 万	167
新世界大百科事典	9 万	4000 万（合汉 6200 万）	30 万	133（210）
彩色图解环球百科全书	—	289 万	1.6 万	181

从以上几种百科全书的情况来看，平均每个索引的正文字数一般在 200 个字上下。

20.5　索引词

索引词是呈现文献中具有检索价值主题的词语。GB/T 22466—2008《索引编制规则（总则）》中有"6.7 索引词汇管理"一节：

> 索引用词（标目）是直接采用文献中的语词（抽词标引），还是采用名称规范档或词表中的主题词（赋词标引）；是自建名称规范档或词表，还是利用现有的名称规范档或已出版的词表等，这些均属索引词汇管理的范围，都需要在索引编制前予以考虑。
>
> 文献内容索引的索引用词应该尽量使用文献中的术语和用户可能使用的语词，不必采用词表。为文献集合编制的文献篇目索引必要时可采用名称规范档或词表，以规范索引用词。

这里,"抽词标引",指的是利用文献中原有的词语做索引词;"赋词标引",指的是以另外给予的词语做索引词。不管是哪种,都应该是能够表达条目和条目之中具有检索价值的隐含主题的词语。选择索引词,要着眼于检索价值的大小,这具体体现在多个方面。

（1）携带信息

检索价值主要体现在具有的信息量上。各种概念、术语、理论、命题、人名、地名、机构名、书刊名、事件、数据资料等携带一定信息的主题均可作为索引词。

当然,百科全书条目的标题因其携带本条目的信息而天然地成为索引词。

（2）围绕图书主题

百科全书有综合性百科全书,也有专业百科全书,地区百科全书,还有面向不同人群的百科全书。学术著作,就更有确定的主题了。显然,选择索引词时,应该围绕图书的主题来选。

《中国大百科全书·中国文学》"老舍"条目提到英国文学家狄更斯,这卷并不取"狄更斯"为索引,《中国大百科全书·外国文学》"日本汉诗文"条目谈到中国白居易,这卷也并不取"白居易"为索引。同样,《中国烹饪百科全书》收"苏轼"(因为有"东坡肉")为索引,却不收"宋徽宗"为索引。

（3）主次比较

文献中常有一系列同类词语并列的情况。往往不便全都取为索引,需要分辨主次,适当选择。

（4）出现频次

一个词语,在一部百科全书中出现许多次,甚至在同一个条目中出现许多次,显然不可能也不需要都划为索引词。一般来说,在一个条目中只能划为一次,在一部书中,可以视其带有的不同信息而选划若干次。携带相似信息的,只能选择其中比较信息丰满的有代表性的一个。

一个词语,也许仅仅在某一个条目中"露了一面",并没有较多信息,也可能需要列为索引词。

（5）概括性

索引词是正文中某个主题信息的概括,并不一定必须是正文中出现的词语。

例如，根据条目释文"徐霞客（1587—1641）明代散文家，地理学家。名弘祖，字振之，号霞客"，可以做出索引词"徐宏祖""徐振之"。这就是"赋词标引"的情况。

（6）索引词与关键词、主题词

索引词（标目）跟通常所说的关键词、主题词是不同的。

关键词，是科技期刊常常要求提出的。一个关键词，往往表示一个学科、一个领域，或一个较大的概念。一篇论文，由几个关键词的交叉，揭示其主题的所在。

例如：某医学期刊《一种新型智能胰岛素注射笔的研制》一文，标有四个关键词：糖尿病、胰岛素注射、步进电机、光电反馈。

可以看出，把关键词当作索引词可能大而无当，通常并不能确切揭示检索信息。

主题词，作为在标引和检索中用以表达文献主题的规范化的词或词组，选取原则包括实用性和通用性。《国务院公文主题词表》共有 1049 个主题。《医学主题词表》有 1.6 万多个主题词。而《中华医学百科全书》预计 20 万条的索引。《汉语主题词表》我国第一部大型的综合性的叙词表，全表收录主题词 108568 个。其中正式主题词 91158 个，非正式主题词 17410 个，而《中国大百科全书》第一版索引有 40 万条。显然，以主题词做索引是远远不够的。

因此，关键词和主题词都不能代替索引词。

关于索引词的选取范围，GB/T 22466—2008《索引编制规则（总则）》中有"6.8 可标引内容的范围"一节，规定以图书为例，包括：前言、序言、导言、跋、后记；正文；注解；图解、插图、地图、图表；具学术意义之符号；补遗；结果、结论；参考书目；附录；文献中隐含的难以确切查获的有用信息。图书中通常不做索引、即不予标引的内容包括：书名页；题辞、献辞、卷首引语、致谢；目次、图表目录；章首纲要、篇章标题；提要、文摘、摘要；广告等商业性信息。

20.6 索引参照系统

由于一部索引不可避免地存在一些同义标目和特别相关的标目，为了避免给读者造成混乱和麻烦，有必要建立索引参照系统。通常索引参照系统分为见参照（用"见"表示）和参见参照（用"参见"表示）。有此，可以增加相关标目之间的关联度，避免同义标目间信息分散或歧义。

（1）见参照

见参照常用来从非规范词语的同义标目或被替换标目，指向选用的规范词语标目。

示例：镭射　　　见　　　激光器

（2）参见参照

常用于大概念词与小概念词之间或含义密切关联的词之间。

示例1：公共图书馆　　　参见　　　上海图书馆

示例2：二十一条　　　参见　　　五四运动

20.7 款目排序法

索引款目的编排主要说的是汉字的编排，通常采用汉语拼音排序、笔画笔形排序、分类或主题排序等。实践中，单单使用某一种排序方法总是不够的。一般都是在首选某种排序方法的基础上辅以其他排序方法。此外，索引款目的编排也常常涉及数码、外文字母等多种字符。排序时先比较标目首字符，首字符相同时比较第二个字符，依次类推。

GB/T 22466—2008《索引编制规则（总则）》推荐汉语拼音排序、笔画排序和四角号码排序三种排序规则。实际上近几十年除台湾地区外，人们很少采用四角号码排序。

20.7.1 汉语拼音排序

汉语拼音排序法汉字属性比较的优先顺序：汉语拼音——音调——总笔画数——起笔至末笔各笔笔形序值——字符集编码。

——汉语拼音。首先按照汉语拼音字母表的顺序排列。

——音调。汉语拼音相同的，比较音调。按阴平、阳平、上声、去声、轻声的次序排列。——总笔画数。拼音及音调相同的，比较汉字的总笔画数，从少到多排列。

——起笔至末笔各笔笔形序值。总笔画数仍相同的，比较汉字的起笔至末笔各笔笔形，依"横、竖、撇、点、折"的顺序排列。

——字符集编码。如果起笔至末笔各笔笔形序值仍然相同，则按照汉字在国家标准汉字编码字符集中的编码值由小到大排列。

有时见到汉语拼音排序有问题的索引。

这里，标目的首字排序为：越、跃、钺、岳、乐、粤、月。汉语拼音相同（yuè）。那就应该按总笔画数排序：月（4）、乐（5）、岳（8）、钺（10）、跃（11）、越（12）、粤（12）。笔画数相同的越和粤，起笔为横的越应排在起笔为撇的粤之前。见图 20-5。

标目首字相同，应按第二个字的顺序排列。首字"越"之下，"越窑（yáo，11 画）""越繇（yáo，17 画）王""越巂（xī）羌"等次序显然有问题。

20.7.2 汉字笔画笔形排序

笔画笔形排序法汉字属性比较的优先顺序：总笔画数——起笔至末笔各笔笔形序值——字符集编码。

——总笔画数。首先按汉字的笔画数从少到多排列。

——起笔至末笔各笔笔形序值。笔画数相同，按汉字起笔至末笔各笔笔形"横、竖、撇、点、折"的顺序排列。

——字符集编码。如果起笔至末笔各笔笔形序值仍然相同，则按照汉字

附 录 · 索 引

图 20-5 《中国小百科全书》(××出版社,1994)索引 620 页

在国家标准汉字编码字符集中的编码值由小到大排列。

有时见到汉字笔画笔形排序有问题的索引。

《中国老年百科全书》"文化、教育、修养"卷索引第 7 页是首字 4 画,起笔为撇和为点的一部分。首笔笔形相同的,应考虑第二笔的笔形。在起笔为撇的部分,首字为"反(撇、撇)"的 13 条应移到首字为"公(撇、点)"各条之前。在起笔为点的部分,首字原顺序为:认、六、文、方、火、为、心,应改为:六、文、方、火、为、认、心。见图 20-6。

首字相同的应按第二字顺序排列。"文心(4 画,点、折)雕龙"应排在"文化(4 画,撇、竖)馆"之后,而"文丑(4 画,折、竖)"应排在"文心雕龙"之后。"文字(6 画,点)"应排在"文阳(6 画,折)"和"文何(7 画)"之前。

20.7.3　四角号码排序

四角号码检字法是汉字继部首检字法、笔画笔顺检字法之后的重要发明。现行最常用的拼音检字法常遇到不知读音的障碍,笔画检字法又有计算笔画的繁难,部首检字法更有选择部首的困惑。四角号码根据汉字笔画构造的特点,把方块字的四角转换成数码,使得每个汉字都有自己固定的编号与位置,成为实用而先进的科学方法。

四角号码检字法利用方块汉字的特点,按笔形分析汉字的四个角,每个角确定一个号码。汉字笔形分为十类:头、横、垂、点、叉、插、方、角、八、小,分别用数字 0～9 表示。每个字四个角的笔形按其位置左上、右上、左下、右下的顺序取号。再把所有的字按照四个号码组成的四位数的 0000—9999 大小顺序排列。

四角号码检字法简便易学。《王云五评传》作者写到,自己 8 岁那年,在书房翻到一本四角号码字典,自己对照检字口诀,不到 2 小时便大致学会了使用四角号码检字法。[①]

读者掌握了四角号码检字法,字典、词典、百科全书、年鉴等各类工具

---

① 郭太风.王云五评传 [M].北京:北京师范大学出版社,2015:1.

7

图 20-6 《中国老年百科全书》(××人民出版社，1994)索引

书利用四角号码进行索引编制，可以极大提高读者的检索效率。

20.7.4　非汉字字符排序

a. 数字，包括阿拉伯数字、罗马数字，按数字的数值从小到大排列。

b. 年代，按年代先后顺序排列。

c. 字母，按字母表的顺序排列。

d. 标点符号，一般情况下，标点符号属于非排序单元。

20.7.5　汉字字符与非汉字字符混合出现的排序规则

遇到汉字字符与非汉字字符混合出现时，国家标准 GB/T13418—1992 推荐采用 GB 2312—1980《信息交换用汉字编码字符集　基本集》采用的次序：

空格—序号—阿拉伯数码—拉丁字母（大写、小写）—日文假名（平假名、片假名）—希腊字母—俄文字母—汉字。

实践中，一些大型辞书，如《中国大百科全书》《辞海》《现代汉语词典》都采用了自拟的顺序。

20.8　索引编制工作

小型图书的索引有时由作者完成，但有经验的编辑或其他有关的出版工作人员可以将此项工作做得更好。大型工具书的索引内容复杂、篇幅大，通常有多人分工合作完成。整个工作包括多个环节。

20.8.1　索引词的初选

索引词，最初可以由作者提出。毕竟，作者是对作品内容最熟悉的人。

对于作品中具有检索价值的知识点，作者应具有一定的发言权。所以，作品准备编制索引时，可以请作者对可作为索引的词语做出标记。

20.8.2　索引词的复选

一般对于百科全书，编辑部会对索引的编制做出总体设计，包括索引的大致数量、种类等。学科编辑、责任编辑在编辑加工过程中，对作品会有比较深入的了解。作为作者和读者的中介，编辑对于哪些内容具有检索价值具有较强的发言权。因此，对索引词做复选，综合平衡，初步确定索引词的职责主要在编辑身上。

20.8.3　索引编排

索引词汇拢之后，编排次序是一项复杂的工作。目前一般通过计算机来做。但计算机只能初步成型。还需专门的索引编辑进行细部调整。缺少调整的工序或调整不到位，就会给最后的索引排序留下隐患。

这种调整不到位的索引并不罕见。

依照同音同调字应按笔画笔顺编排的规则，"灾（7 画）""甾（8 画）"应排在"栽（10 画）"之前。

多音字"载"，这里应读 zài，而非 zǎi，因此应排到下一页去。多音字必须由人工进行核对。见图 20-7。

《中国小百科全书》索引 66 页中"重钙""重过磷酸钙肥料""重同位素"的"重"读 zhòng，而非 chóng，所以这里排在"重复"和"重庆"前后是错的。或许是未经人工校正。见图 20-8。

20.8.4　索引词的复核

索引词汇拢之后，甄选、归并、分辨等一系列工作也需要索引编辑来做。

624

图 20-7 《中国小百科全书》索引 624 页

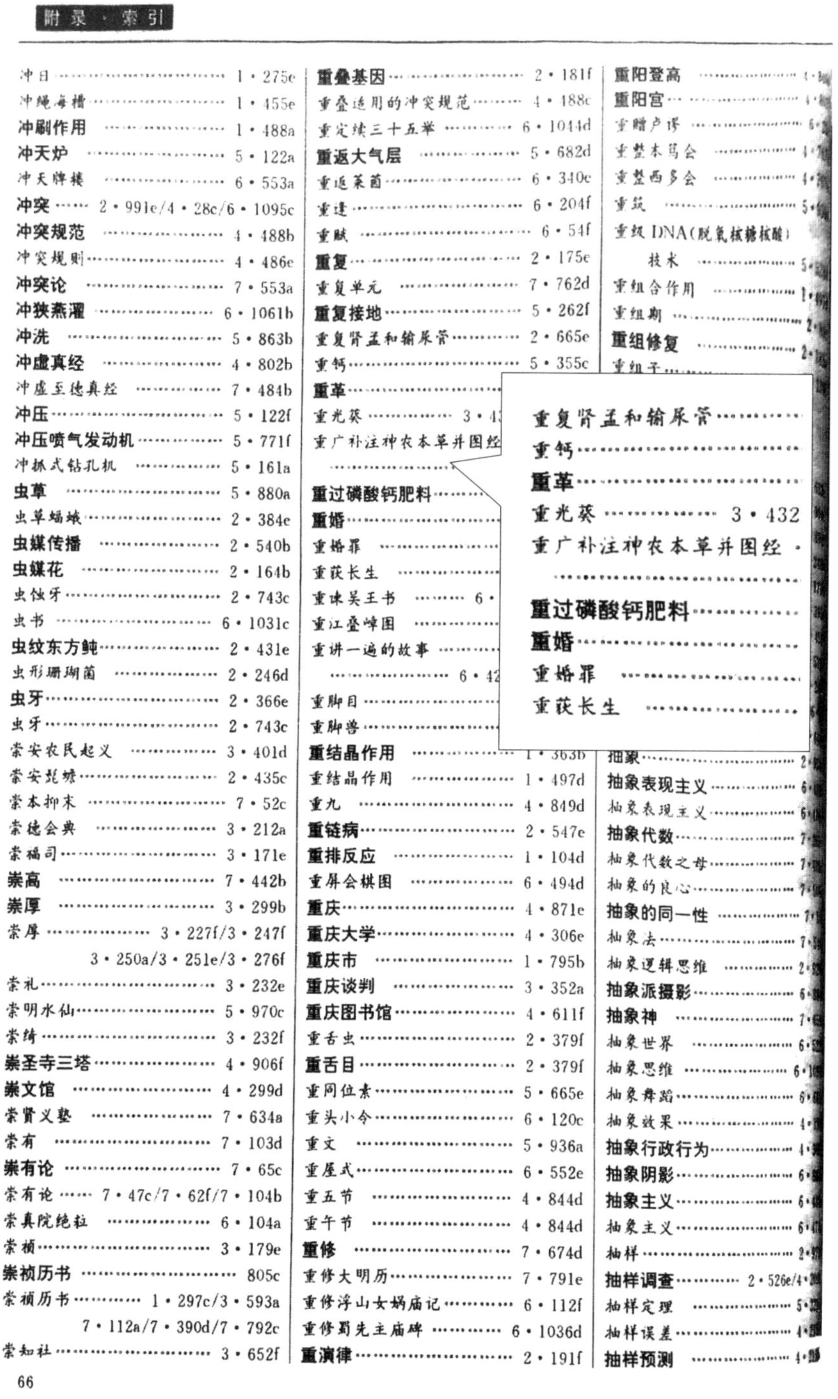

附录·索引

冲日……………………1·275e
冲绳海槽……………………1·455e
冲刷作用……………………1·488a
冲天炉……………………5·122a
冲天牌楼……………………6·553a
冲突……2·991e/4·28c/6·1095c
冲突规范……………………4·488b
冲突规则……………………4·486e
冲突论……………………7·553a
冲狭燕濯……………………6·1061b
冲洗……………………5·863b
冲虚真经……………………4·802b
冲虚至德真经……………………7·484b
冲压……………………5·122f
冲压喷气发动机……………………5·771f
冲抓式钻孔机……………………5·161a
虫草……………………5·880a
虫草蝙蛾……………………2·384e
虫媒传播……………………2·540b
虫媒花……………………2·164b
虫蚀牙……………………2·743c
虫书……………………6·1031c
虫纹东方鲀……………………2·431e
虫形珊瑚菌……………………2·246d
虫牙……………………2·366e
虫牙……………………2·743c
崇安农民起义……………………3·401d
崇安髭蟾……………………2·435c
崇本抑末……………………7·52c
崇德会典……………………3·212a
崇福司……………………3·171e
崇高……………………7·442b
崇厚……………………3·299b
崇厚……………………3·227f/3·247f
3·250a/3·251e/3·276f
崇礼……………………3·232e
崇明水仙……………………5·970c
崇绮……………………3·232f
崇圣寺三塔……………………4·906f
崇文馆……………………4·299d
崇贤义塾……………………7·634a
崇有……………………7·103d
崇有论……………………7·65c
崇有论……7·47c/7·62f/7·104b
崇真院绝粒……………………6·104a
崇祯……………………3·179e
崇祯历书……………………805c
崇祯历书……………1·297c/3·593a
7·112a/7·390d/7·792c
崇知社……………………3·652f

重叠基因……………………2·181f
重叠适用的冲突规范……………4·188c
重定续三十五举……………6·1044d
重返大气层……………………5·682d
重返莱茵……………………6·340e
重逢……………………6·204f
重赋……………………6·54f
重复……………………2·175e
重复单元……………………7·762d
重复接地……………………5·262f
重复肾盂和输尿管……………2·665e
重钙……………………5·355c
重革……………………
重光葵……………3·43
重广补注神农本草并图经
……………………
重过磷酸钙肥料……………………
重婚……………………
重婚罪……………………
重获长生……………………
重谏吴王书………6·
重江叠嶂图……………………
重讲一遍的故事……………………
……………………6·42
重脚目……………………
重脚兽……………………
重结晶作用……………………1·363b
重结晶作用……………………1·497d
重九……………………4·849d
重链病……………………2·547e
重排反应……………………1·104d
重屏会棋图……………………6·494d
重庆……………………4·871e
重庆大学……………………4·306e
重庆市……………………1·795b
重庆谈判……………………3·352a
重庆图书馆……………………4·611f
重舌虫……………………2·379f
重舌目……………………2·379f
重同位素……………………5·665e
重头小令……………………6·120c
重文……………………5·936a
重屋式……………………6·552e
重五节……………………4·844d
重午节……………………4·844d
重修……………………7·674d
重修大明历……………………7·791e
重修浮山女娲庙记……………6·112f
重修蜀先主庙碑…………6·1036d
重演律……………………2·191f

重阳登高……………………4·
重阳宫……………………4·
重赠卢谌……………………6·
重整本笃会……………………4·
重整西多会……………………4·
重筑……………………5·
重组DNA(脱氧核糖核酸)
技术……………………5·
重组合作用……………………1·
重组期……………………2·
重组修复……………………2·
重组子……
抽象……………………2·
抽象表现主义……………………6·
抽象表现主义……………………6·
抽象代数……………………7·
抽象代数之母……………………7·
抽象的良心……………………7·
抽象的同一性……………………7·
抽象法……………………7·
抽象逻辑思维……………………2·
抽象派摄影……………………6·
抽象神……………………7·
抽象世界……………………6·
抽象思维……………………6·1
抽象舞蹈……………………6·
抽象效果……………………4·
抽象行政行为……………………4·
抽象阴影……………………6·
抽象主义……………………6·
抽象主义……………………6·
抽样……………………2·
抽样调查…………2·526e/4·
抽样定理……………………5·
抽样误差……………………4·
抽样预测……………………4·

66

图 20-8 《中国小百科全书》索引66页

a. 甄选

一些索引词因种种原因发生错误，需要改正。例如《中国大百科全书》第二版索引复核中发现：

"中国台湾电影"条中，索引"归亚雷"，应为"归亚蕾"。

"张作梅"条中，索引"球墨铸铁"被改为"球磨铸铁"。

索引有"和平式蛙泳"，经查条目原文为"波浪式蛙泳和平式蛙泳"。索引词应改为"平式蛙泳"。

b. 归并

常常发生同一个事物被提取为不同索引词的情况。需要选择、归并。例如《中国大百科全书》第二版索引复核中曾遇到：

国际目录学会，国际目录学协会；

秘鲁 - 智利海沟，秘鲁—智利海沟；

《何梅协定》，"何梅协定"；

《红楼梦辨》，《红楼梦辩》。

c. 分辨

一个相同的索引词，作为多个标目提取了出来。需要辨别，是一个主题，多处出现，还是同名的不同主题。

在《中国大百科全书》第二版索引词复核过程中，见到从不同条目提出的 6 条标目《湖畔》，查对原文发现分别是苏联影片，日本油画，中国诗集：

格拉西莫夫 苏联电影演员、导演和编剧。……此后，他摄制的主要影片有《静静的顿河》(1957～1958)、《人与兽》(1962)、《记者》(1967)、《湖畔》(1970)……

黑田清辉 日本油画家。……其代表作还有……《湖畔》(1897)。

湖畔诗社 1922 年 3 月，冯雪峰、应修人、潘漠华、汪静之出版了他们的合集《湖畔》。

对于相同主题，要比较其信息含量，确定保留几处。对于同名的不同主题，显然，需要分设为不同的索引。实践中，常要给标目加上限定性括注，即说明项。

20.8.5　说明项的编制

a. 分辨同名标目

确定同名的标目是不同的主题，需要根据释文内容，分别配置不同的说明项（学科、国别、体裁、作者等）。

在《中国大百科全书》第二版索引编制过程中，遇到 8 条标目"《黄昏》"，竟然是中外 8 个作者的不同作品：

维尔哈伦，É 诗集；

阿赫马托娃，A.A. 苏联女诗人。……1912 年出版诗集《黄昏》；

阿西莫夫，I 美国科幻、科普作家。……21 岁发表科幻短篇《黄昏》；

比尔德狄克，晚年著有……《黄昏》（1828）等 12 部诗集；

韩雪野，朝鲜小说家……发表了《黄昏》（1936）；

赫里斯蒂奇，S. 南斯拉夫作曲家、指挥家。……音乐剧《黄昏》；

乔孔奈依，V. M. 匈牙利诗人。……诗歌《黄昏》；

塞甘蒂尼，G 意大利画家。……《黄昏》……为其代表作。

采用了分别注明作者名的说明项。

又如：

《土地》（埃及小说）、《土地》（哥伦比亚音乐）、《土地》（韩国小说）、《土地》（墨西哥小说）、《土地》（苏联电影）、《土地》（中国电影）、《土地》（中国绘画）、《土地》（中国散文说）。

《创世纪》（波斯石刻）、《创世纪》（《旧约》）、《创世纪》（音乐）、《创世纪》（白族史诗）、《创世纪》（独龙族史诗）、《创世纪》（傈僳族史诗）、《创世纪》（毛南族古歌）、《创世纪》（舞蹈）。

《春江花月夜》（秦鹏章）、《春江花月夜》（桑桐）、《春江花月夜》（杨广）、《春江花月夜》（张若虚）。

b. 附加说明

人物的国别、朝代、生卒年、性别等。见图 20−9。

图 20-9 《潮汕百科全书》872 页索引

20.8.6　出处项的配置

20.8.6.1　结构

出处项一般由卷名（序号）、页码、区位构成。

页码是基本内容。简单的学术著作索引有页码就够了。

对于多卷本的百科全书来说，索引出处项中卷名就不可缺少了。有时卷名字数太多，为了节省篇幅，出处项的卷名可以使用缩略词。

一些百科全书开本较大，字号较小，每面字数较多。例如，《中国大百科全书》第一版每面 2500 字，第二版每面 3192 字。这样索引出处单有页码查找起来仍感困难，需要在出处项的页码之外加上页面区位。

《中国大百科全书》（第一版）、《中国水利百科全书》（第一版）、《中国农业百科全书》等正文双栏排，页面分为 a、b、c，d、e、f 六个区位。

《中国大百科全书》（第二版）、《中国水利百科全书》（第二版）、《不列颠百科全书》（国际中文版）正文三栏排，页面分为 a、b，c、d，e、f 六个区位。

《中国水利百科全书》（分册）正文通栏排，页面分为 a、b、c 三个区位。

20.8.6.2　使用

每一条款目都需要配出处项，且可不止一个出处项。

根据原文，"导淮局 1655e"："1913 年，民国政府在北平设立导淮局，次年改为全国水利局，由张謇兼任总裁。""导淮局 191b"："1913 年，设置导淮局，以张謇为督办。"可见两个"导淮局"是一回事，应作为一条索引，即将两个款目合为一个，设两个出处项。见图 20-10。

20.8.6.3　制作

出处项需要由计算机处理，自动配置，但对多音字，还需人工校核。

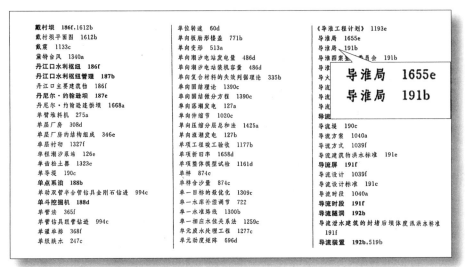

图 20-10 《中国水利百科全书》(第二版) 1924 页

20.9　Word 的编制索引功能

常用的文字处理软件 Word 具有编制索引的功能。

先在文档中标记索引项并生成索引。

按 Alt+Shift+X。若要编制主索引项，在"主索引项"框中键入或编辑文本。还可以通过编制次索引项或编制到另一个索引项的交叉引用来自定义索引项。

在标记好了所有的索引项之后，选择一种设计好的索引格式并生成最终的索引。Word 会收集索引项，将它们按字母顺序排序，引用其页码，找到并且删除同一页上的重复索引。

单击"常用"工具栏上的"显示 / 隐藏编辑标记"，单击要插入完成的索引的位置。在文档中显示该索引。

这为学术著作的作者自己编制索引提供了有效的工具，值得推荐使用。

20.10　索引与目录

索引与目录是两种辅文，功能与编排方式虽有近似之处，却又有质的差异，不应混淆。有的图书，名为"索引"，实为目录，应该辨明。

例如，《文心雕龙辞典》（增订本）（济南：济南出版社，2010）正文之前列有"词目分类索引"和"目录"。这里的"目录"是总目录，"词目分类索引"实际是"词目分类目录"。

《反义成语词典》（增订本）（南京：南京大学出版社，2001）正文前有"目录"和"分组音序索引"。这"分组音序索引"实际也是词目目录。

20.11　翻译书的索引

翻译书的索引应该译出。

款目可以考虑按中文方式标目重新编排。出处项的原有页码已经失效的，需要重新配置页码。款目也可以保持原有的排序和原书页码。此时，必须在译本页边标注原书页码。

《社会的构成结构化理论纲要》正文 156 页页边标注有原书页码"164""165"。见图 20-11、图 20-12。

有的为了读者便于查找，还把页面分区。

《理想国》原文每页被分为 A、B、C、D、E 五个区。译文边码标注对应的原文页码和区位。见图 20-13。

同时摆在王府井书店架上的还有另外两家出版社的《理想国》，甚至号称"最新全译本"的，却都没有了索引。

《运动损伤解剖学》索引称"所注页码为英文原书页码"，而中文版正文并无原文页码，让读者去哪里查？通常，译文的页码与原文的页码是不同的。以本书索引第二行的"蹦外翻 236"为例，译文实际是在 229 页。见图 20-14。

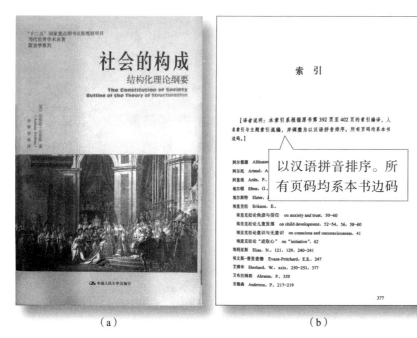

（a） （b）

图 20-11 《社会的构成结构化理论纲要》面封和索引

图 20-12 《社会的构成结构化理论纲要》156、157 页

索 引

书中各学科专名表。名词前冠词从略。

A

ἀγαθόν (good) 332 善
ἀγαθός 544E 善人
ἄγνοια (ignorance) 585B 382B 无知
ἄγνωστος (unknowable) 477 不可知的
ἄγραφος 不成文的
ἄγραφοι νομοι 563E 不成文法
ἀγρός 399D 田地，乡间
ἀδικία (injustice) 384C 不正义
ἀεί (always) 永恒
τὸ ἀεὶ ὄν (that which always is) 527B 永恒事物
ἀείδω 或 ᾄδω 吟唱
ᾄδοντας 605D
ἀθάνατος 不朽的
Ἀθάνατος ἡμῶν ἡ ψυχὴ καὶ οὐδέποτε ἀπόλλυται. (Our soul is immortal and never perishes.) 608D 我们的灵魂是不灭的
ἄθλιος 或 ἀέθλιος (wretched) 不幸的，痛苦的
ἄθλιον ἢ μακάριον 571 痛苦呢还是快乐
Ἀΐδης 或 ᾄδης 冥工；冥国；坟墓

τὰ ἐν Ἀΐδου 596C 冥间的事物
αἶσχος (ugliness) 444E 丑
αἴσθησις (sensation) 523B 感觉
ἀκοή 或 ἀκοά 听觉，耳朵
κατὰ τὴν ἀκοήν 603B 耳朵听的
ἀληθές, 376E. 443C 真，真实
ἀληθέστατον (το) (absolute truth) 484C 绝对真实
ἀλόγιστος (irrational) 439D 无理性的
ἀμαθία (ignorance) 350D, 315 愚昧无知
ἀμείνων 较好的
ἀμείνονες τε καὶ χείρονες γενέσεις 546D 优生和劣生
ἀνάγκη 必须；必然
Διομήδεια ἀνάγκη (necessity of Diomede) 493D 迪俄墨得斯的必须
ἀνάρμοστος (unharmonious) 547 不和谐
ἀναρμοστον (το) 不和谐
ἀναρμοστία 不和谐
ἀνδρεῖος (brave) 395C, 435B 勇敢的
ἀνδριάντο ποιός 540C 人像雕刻师
ἀνεπιστημοσύνη 598D 不知，无知
ἀνήρ (man) 449 人，男人，男敢的人

378

（a）

人名地名索引之一

中文译名	希腊文原名	英文译名	所在原典码
三画			
马叙阿斯	Μαρσύας	Marsyas	399E
四画			
巴拉米德斯	Παλαμήδης	Palamedes	522D
尼洛斯	Ἠρός	Er	614B
尼佩俄斯	Ἐπειός	Epeius	620C
文艺女神	Μοῦσαι	Muses	364E
月神	Σελήνης	Moon	364E
比雷埃夫斯港	Πειραιος	Peiraeus	327
开奥斯岛	Κέος 或 Κέας	Ceos	600C
开俄斯岛	Χίος	Chios	600B
乌拉诺斯	Οὐρανός	Uranus	377E
五画			
古各斯	Γύγος	Gyge	359D
"必然"	Ἀνάγκη	Necessity	617B
皮塔科斯	Πιττακός	Pittacus	335E
卡克冬	Χαλκηδών	Chalcedon	328B
尼克拉托斯	Νικήρατος	Niceratus	327C
尼客阿斯	Νικίος	Nicias	327C
尼俄珀	Νιόβη	Niobe	380

388

（b）

人名地名索引之二

希腊文原名	英文译名	所在原典码	中文译名
		A	
Ἄβδηρα	Abdera	600C	阿布德拉(城)
Ἀγαμέμνων	Agamemnon	383B	阿伽门农
Ἀγλαΐων	Aglaion	439E	阿格莱翁
Ἀδείμαντος	Adeimantus	327C	阿得曼托斯
Αἴας	Ajax	468D.620B	埃阿斯
Αἴγυπτος	Egypt	436	埃及
Ἀΐδης	Hades	363D	哈得斯，冥国
Αἰσχύλος	Aeschylus	361B	埃斯库洛斯
Ἀθηνᾶ	Athena	379E	雅典娜
Ἀθηναν	Athenian	330	雅典人
Ἀλκίνοος	Alcinous	614	阿尔刻诺斯
Ἀμέλης	River of Forgetfulness	621	阿米勒斯河，"忘记"之河
Ἀνάγκη	Necessity	617B	"必然"
Ἀπόλλων	Apollo	383B	阿波罗
Ἀργεῖος	Argive	381D	阿革俄斯
Ἄργος	Argos	393E	阿尔戈斯
Ἀρδιαῖος	Ardiaeos	615C	阿尔蒂俄依俄斯
Ἀρίστων	Ariston	327	阿里斯同
Ἀριστωνύμος	Aristonymus	328B	阿里斯托纽摩斯
Ἀρμένιος	Armenius	614B	阿尔米纽斯

394

（c）

387　魂飞声咽，去如烟云。¹

以及，

> 如危岩幽窟中，飞蝠成群，
> 有一失足落地，其余惊叫咬哎；
> 黄泉鬼魂飘撒，唧唧悲哭随行。²

B 我们如果删去这些以及所有这类的诗行，请荷马以及别的诗人不要见怪。我们并不否认这些是许多人喜欢听的好诗。但是愈是好诗，我们就愈不放心人们去听。这些童年和成年的听众应该爱惜自由，应该怕做奴隶不怕死。

阿：我完全同意。

苏：此外，我们还必须在谈到这些事情时从词汇中删除所有
C 那些阴森可怕的名词，诸如"科库托斯河"、"斯土克斯河",³以及"鬼"，"死尸"等等。它们使人听了毛骨悚然。也许这些名词有其他别的很好的用处，不过，目前我们是在关心护卫者的教育问题，我们担心这种阴森可怕的字眼会使我们的护卫者变得脆弱悟懦，不像我们所需要的那样坚强勇敢。

阿：我们担心得很对。

苏：那么，我们应当删除这些名词？

阿：是的。

苏：在讲故事写诗歌时应当采用与此相反的名词？

阿：这是显而易见的。

D 苏：我们要不要删去著名英雄人物的痛哭和悲叹？

---

1 诗见《伊利亚特》XXIII 100 阿克琉斯在梦中看见其战死的朋友帕特罗克洛斯的鬼魂，像一阵烟似的消失了。
2 诗见《奥德赛》XXIV 6 求婚子弟都被奥德修斯杀死，这里预写他们的鬼魂在神使帮助下率领前往另一个上地府时的情景。
3 冥河，死者必须渡过这里潜渡进入冥界。

76

（d）

图20-13 《理想国》(译林出版社) 索引和正文

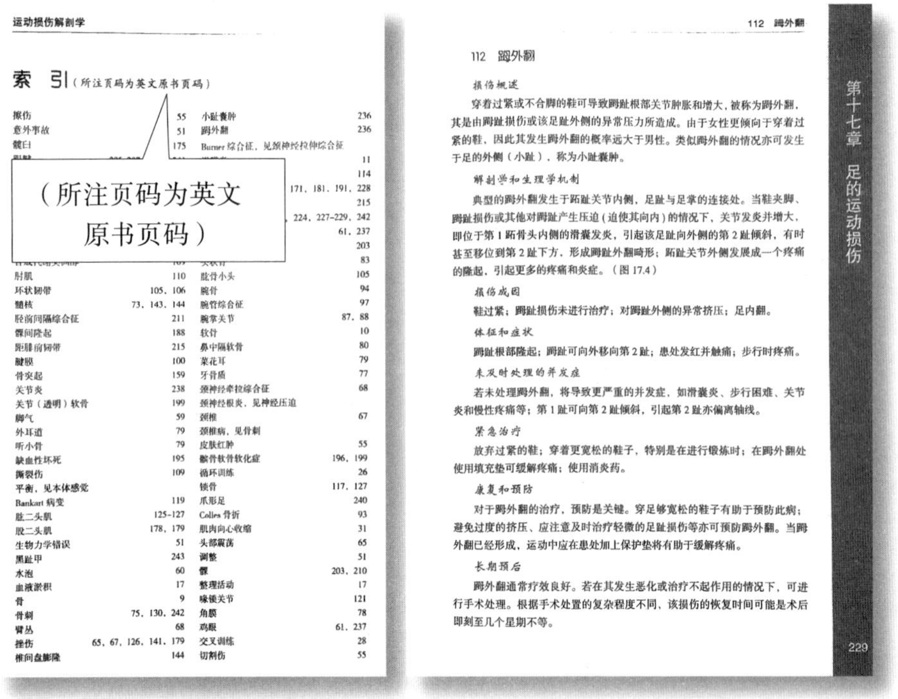

运动损伤解剖学

索 引（所注页码为英文原书页码）

（所注页码为英文原书页码）

112 踻外翻

损伤概述

穿着过紧或不合脚的鞋可导致踻趾根部关节肿胀和增大，被称为踻外翻，其是由踻趾损伤或该足趾外侧的异常压力所造成。由于女性更倾向于穿着过紧的鞋，因此其发生踻外翻的概率远大于男性。类似踻外翻的情况亦可发生于足的外侧（小趾），称为小趾囊肿。

解剖学和生理学机制

典型的踻外翻发生于跖趾关节内侧，足趾与足掌的连接处。当鞋夹脚、踻趾损伤或其他对踻趾产生压迫（迫使其向内）的情况下，关节发炎并增大，即位于第1跖骨头内侧的滑囊发炎，引起该足趾向外侧的第2趾倾斜，有时甚至移位到第2趾下方，形成踻趾外翻畸形；跖趾关节外侧发展成一个疼痛的隆起，引起更多的疼痛和炎症。（图17.4）

损伤成因

鞋过紧；踻趾损伤未进行治疗；对踻趾外侧的异常挤压；足内翻。

体征和症状

踻趾根部隆起；踻趾可向外移向第2趾；患处发红并触痛；步行时疼痛。

未及时处理的并发症

若未处理踻外翻，将导致更严重的并发症，如滑囊炎、步行困难、关节炎和慢性疼痛等；第1趾可向第2趾倾斜，引起第2趾亦偏离轴线。

紧急治疗

放弃过紧的鞋；穿着更宽松的鞋子，特别是在进行锻炼时；在踻外翻处使用填充垫可缓解疼痛；使用消炎药。

康复和预防

对于踻外翻的治疗，预防是关键。穿着够宽松的鞋子有助于预防此病；避免过度的挤压、应注意及时治疗轻微的足趾损伤等亦可预防踻外翻。当踻外翻已经形成，运动中应在患处加上保护垫将有助于缓解疼痛。

长期预后

踻外翻通常疗效良好。若在其发生恶化或治疗不起作用的情况下，可进行手术处理。根据手术处置的复杂程度不同，该损伤的恢复时间可能是术后即刻至几个星期不等。

229

第十七章 足的运动损伤

图 20-14 《运动损伤解剖学》索引和正文

21 名词对照表

　　名词对照表是将有关的中外人名、地名、事物名及其他专有名词的不同名称对照列出的表格，兼备参考性、检索性和说明性功能。

　　一般翻译图书、涉及外国事物较多的工具书和其他图书常附译名对照表于正文之后。译名对照表的编制应该遵照翻译规范。

　　翻译图书的译名对照表按综合编排，也可以分类编排。

　　"汉译世界学术名著丛书"中《论宇宙的体系》便分设"地名对照表""人名对照表"。

地 名 对 照 表

Africa	非洲
Amazons, the river of	亚马逊河
America	美洲
Atlantic Ocean	大西洋
Avon, the river of	埃文河
Avranches	阿夫朗什
Bath	巴斯
Batshaw	巴特钞
Bermudas	百慕大
Bologna	博洛尼亚
Brazil	巴西
Bristol	布里斯托尔
Britain	不列颠
Cambaia	坎贝
Canary	加那利
Cape of Good Hope	好望角
Caresham	卡勒山姆
Cassiterides	卡西特里德斯
Chaldea	迦勒底
Chepstow	切普斯托
Chili	智利

人 名 对 照 表

Anaxagoras	安那克萨哥拉
Anaximander	阿那克西曼德
Aristarchus	阿里斯塔克斯
Aristotle	亚里士多德
Borelli, Giovanni Alfonso	博雷利
Boulliau, Ismael	布利奥
Calippus	卡利普斯
Cassini, Gian Domenico	卡西尼
Cassini, Jacques	雅克·卡西尼
Colepress, Samuel	科尔普雷斯
Copernicus, Nicolas	哥白尼
Crabtrie(或 Crabtree),William	克拉卜特瑞
Cysat, Johann Bapist	齐扎特
Democritus	德谟克利特
Descarts, Renè	笛卡儿
Ducas, Michael	迈克尔·杜卡斯
Estancel ,Valentin	瓦伦廷·斯坦塞尔
Eudoxus	欧多克斯

图 21-1 《论宇宙的体系》"地名对照表""人名对照表"

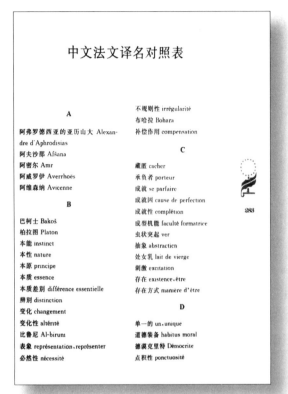

图 21-2 《论灵魂——〈治疗论〉第六卷》中文法文译名对照表

翻译图书的译名对照表可以按汉字排序，亦可以按外文排序，或者说，汉字在前或外文在前，应该说都是可以的。两种排法各有短长。不同的排法，就看准备让读者由哪里入手检索。

"汉译世界学术名著丛书"中，《哲学研究》"译名对照"和《论宇宙的体系》"地名对照表""人名对照表"是英文在前。《论灵魂——〈治疗论〉第六卷》（1963 年 3 月第 1 版，2015 年 8 月第 5 次印刷）"中文法文译名对照表"则是中文在前。见图 21-1、图 21-2。

也有的图书两种方式都提供。例如，《数学大辞典》（第二版，北京：科学出版社，2017）"人名译名对照表"便分设为"中文—外文译名"和"外文—中文译名"。具体如何设置，可由编辑跟作者商量选择。

对照表也不限于译著。其他图书中对照表也时有所见。例如，图 21-3。

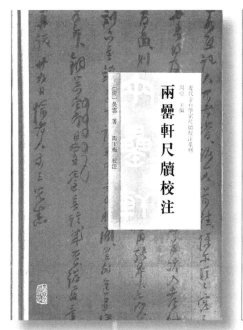

图 21-3 《两罍轩尺牍校注》人名称谓对照表

22 　跋

跋是写在书籍、诗文、书画、碑帖、金石拓片等作品后面的文字。也叫"跋语""跋文""书后""尾语""后识""题后""后记""附记"等。传统上跋是相对于序而言的，而后记、附记则是相对于前言、引言、前记、绪言等而言的。

据《新唐书·褚无量传》，褚无量奉诏整理内府图书时曾上书高宗："贞观御书皆宰相署尾，臣位卑不足以辱，请与宰相联名跋尾。"高宗不许。可知唐初贞观年间已有书跋，题跋者非宰相莫属，到高宗时，题跋者已不限宰相。

跋与序既有区别又有联系。"早期序跋位置都在书后，很难区分，只是越到后来，由于序跋位置的渐渐固定，即序文在书的前面，跋文在书的后面，分别才逐渐明显。"①

目前作者在完成作品后所写的文字往往称为"后记"。

跋与后记侧重于书籍编辑、出版、版本、流传等内容，或对作品完成的感想、致谢等，与序与前言主要说明本书的写作缘起、创作意图、基本内容、编撰体例和读者对象等有所不同。

跋和后记一般应由作（译）者撰写，少数也有请他人撰写的。跋和后记排在图书的出版后记之前。

翻译图书有时有译后记。在该书无译序或译者前言时，译后记有代替译序、译者前言对原作者和作品进行评介的功能，如有译序或译者前言，译

---

① 王国强，中国古籍序跋史 [M]. 武汉：武汉大学出版社，2015：13.

后记则重在说明译校过程及其他技术性问题。

实例

题画——竹

江馆清秋，晨起看竹，烟光、日影、露气，皆浮动于疏枝密叶之间。胸中遂勃勃有画意。其实胸中之竹，并不是眼中之竹也。因而磨墨展纸，落笔倏作变相，手中之竹，又不是胸中之竹也。总之，意在笔先者，定则也。趣在法外者，化机也。独画云乎哉？

——（清）郑燮.《郑板桥集》卷 5

郑燮的"题画——竹"跋，由画竹而生发出"意在笔先""趣在法外"的理念，可谓意味深长。

《中国乒乓 70 年·图片集》后记回顾了本书的缘起，介绍了作品特点和选编过程，对付出辛勤劳动的相关人士致以感谢。见图 22-1。

乒乓球被誉为我国的"国球"，在众多体育项目中具有重要地位。2019 年，新中国乒乓球运动将迎来 70 周岁生日，为纪念这个光辉时刻、高水平展现中国乒乓球运动 70 年的辉煌发展历程，我们组织编辑出版了这本《中国乒乓 70 年·图片集》，以世乒赛、奥运会等国际重大赛事为主线，通过大量具有史料价值的精彩图片，并辅以适量文字，将中国乒乓球运动的光辉历史展现在读者面前。

图片是本作品的主要呈现形式，为此，我们广泛征集新华社、中国体育报社、视觉中国集团、全体育图片社等国内知名体育图片制作机构照片 1000 余张，以世界乒乓球锦标赛和奥运会乒乓球比赛为主线，串联起历届赛事中诞生的世界军人物。与此同时，本着极大不捐的严谨态度，从中筛选出 400 余张史料性、观赏性、冲击力强的高质量作品，又邀请资深乒乓摄影师齐大征提供部分照片。

为增加画册的文史信息含量，我们翻阅了 1949 年新中国成立以来、70 年间近百本老报刊合订本，从各新闻媒体发表的百余万字乒乓球报道中，精选部分代表性稿件编辑成册，在《乒乓世界》杂志吕海波编辑逐字编校的基础上刊登，将原件的历史报道呈现给读者品读，以增强画册内容的准确性和厚重感。

然而，由于时间仓促，加之年代久远、影像资料缺失，画册个别届次赛事图片不甚丰富，在此，向为本书付出辛勤劳动的相关人士致以衷心感谢。

编 者
2018 年 4 月

图 22-1 《中国乒乓 70 年·图片集》后记

23　出版后记

　　出版后记是编辑完成编辑工作之后所写的文字，一般是从出版社的角度向读者说明有关该书出版情况的文字，也可谈到编辑编稿之后的感想与体会。或称"编后记""编后絮语""编后的话"。

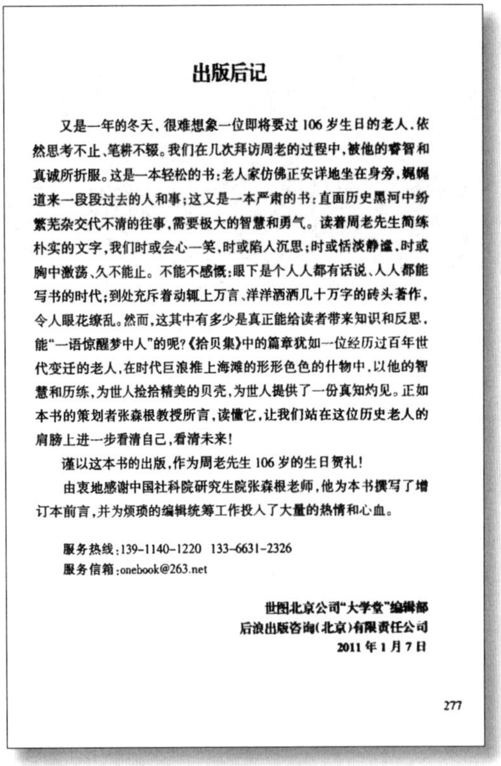

出版后记

　　又是一年的冬天，很难想象一位即将要过 106 岁生日的老人，依然思考不止，笔耕不辍。我们在几次拜访周老的过程中，被他的睿智和真诚所折服。这是一本轻松的书：老人家仿佛正安详地坐在身旁，娓娓道来一段段过去的人和事；这又是一本严肃的书：直面历史黑河中纷繁芜杂交代不清的往事，需要极大的智慧和勇气。读着周老先生简练朴实的文字，我们时或会心一笑，时或陷入沉思；时或恬淡静谧，时或胸中激荡，久不能止。不能不感慨：眼下是个人人都有话说、人人都能写书的时代；到处充斥着动辄上万言、洋洋洒洒几十万字的砖头著作，令人眼花缭乱。然而，这其中有多少是真正能给读者带来知识和反思，能"一语惊醒梦中人"的呢？《拾贝集》中的篇章犹如一位经历过百年时代变迁的老人，在时代巨浪推上海滩的形形色色的什物中，以他的智慧和历练，为世人捡拾精美的贝壳，为世人提供了一份真知灼见。正如本书的策划者张森根教授所言，读懂它，让我们站在这位历史老人的肩膀上进一步看清自己，看清未来！

　　谨以这本书的出版，作为周老先生 106 岁的生日贺礼！

　　由衷地感谢中国社科院研究院研究生张森根老师，他为本书撰写了增订本前言，并为烦琐的编辑统筹工作投入了大量的热情和心血。

服务热线：139-1140-1220　133-6631-2326
服务信箱：onebook@263.net

世图北京公司"大学堂"编辑部
后浪出版咨询(北京)有限责任公司
2011 年 1 月 7 日

277

图 23-1　《拾贝集》(世界图书出版公司，2011)出版后记

无出版说明（出版前言）时，出版后记可以包括出版说明的内容；如有出版说明，则出版后记主要补出版说明的不足，或对书稿出版过程中的某些事务性、技术性问题予以交代。要注意避免前后重复。

汇编性作品的主编，即作者，书后对成书经过、书中问题做出交代的文字，不宜用"出版后记""编后记"的名称，应该用"跋""后记"为名。

出版后记通常印在全书的最后。

《拾贝集》"出版后记"署名的是出版单位的编辑部和一家出版咨询公司。介绍了策划出版的缘起、目的，提出致谢。见图23-1。

与此类似，《一个医生的故事》"出版后记"署名的是策划单位后浪出版公司。其"出版后记"之前，还有作者郎景和的一篇"后记"。

24　勘误表

列出书刊中的文字错误和疏漏，加以更正的表格。又称"刊误表"。

有时，书刊印制完成后，又发现了其中的文字错误和疏漏，其性质和数量尚未达到让书刊不能发行的程度（或已发行才发现错误），为了对读者负责，就需要制作勘误表。

勘误表需要列明书刊出错的原文、错误所在的页码和所居行数、改正后的文字。为了便于对照，可适当摘引错误文字的上下文。

勘误表可以作为附页，夹在相应的书刊之中，也可以通过网站或其他形式送到读者手上，供读者阅读时对照。

案例1 《食品添加剂使用卫生标准》（GB2760—2007）勘误表[①]

页码	附表	原文	改为
7	A.1	不饱和脂肪酸单甘脂	不饱和脂肪酸单甘酯
9	A.1	单，双，三甘油脂肪酸酯(油酸，亚油酸，柠檬酸，亚麻酸，棕榈酸，山嵛酸，硬脂酸)	单，双，三甘油脂肪酸酯(油酸，亚油酸，柠檬酸，亚麻酸，棕榈酸，山嵛酸，硬脂酸，月桂酸)
13	A.1	二甲基二碳酸盐	二甲基二碳酸酯（又名维果灵）
20	A.1	海藻酸丙二醇脂	海藻酸丙二醇酯
25	A.1	Sodium cyclamate, calcium cycalmate	Sodium cyclamate, calcium cyclamate
34	A.1	聚甘油脂肪酸酯（聚甘油单硬脂酸酯，聚甘油单油酸酯）	聚甘油脂肪酸酯 CNS：10.022
38	A.1	抗坏血酸（又名维生素C）的使用规定	删除
39	A.1	cacao husk pigment	cocoa husk pigment
52	A.1	那他霉素	纳他霉素
65	A.1	双乙酰酒石酸单双甘脂 DATAE	双乙酰酒石酸单双甘酯 DATEM
81	A.1	异抗坏血酸及其钠盐的使用规定	删除
181	A.3(续)	双乙酰酒石酸单双甘油酯(471e)	双乙酰酒石酸单双甘油酯(472e)
180	A.3(续)	单，双，三甘油脂(油酸，柠檬酸，亚麻酸，棕榈酸，山嵛酸，硬脂酸，月桂酸)	单，双，三甘油脂肪酸酯(油酸，亚油酸，柠檬酸，亚麻酸，棕榈酸，山嵛酸，硬脂酸，月桂酸).
106	A.2	腌制的蔬菜	腌渍的蔬菜
229	C.1	氯化胺	氯化铵
234	C.2	脆壁克鲁维酶母	脆壁克鲁维醇母
238	D.1	苯钾酸钠	苯甲酸钠

备注：对于表A.1中内容的修改，表A.2中对应内容也做相应的修改。

---

① 中华人民共和国卫生部 .GB2760—2007《食品添加剂使用卫生标准》勘误表［EB/OL］．（2008-05-29）［2019-12-16］https://www.renrendoc.com/p-20243909.html.

25　图书后辅文排序

25.1　排序实例

实例1《中国化学学科史》（中国××××出版社，2010.4）：参考文献—大事记—人名译名对照表—主题索引—后记。

实例2《执业兽医从业指南》（××科学技术出版社，2012.10）：附件1（执业兽医管理办法）—附件2—附件3—参考文献。

实例3《国宝大观》（××文化出版社，1990）：后记—附录—彩图插页目录。

实例4《大象的退却——一部中国环境史》（××人民出版社，2014）：译后记—参考书目—索引。

实例5《中国之翼——飞行在战争、谎言罗曼史和大冒险的黄金时代》（××科学文献出版社，2015）：后记—鸣谢—参考文献—注释—索引。

这里几个实例的后辅文排序尚有值得商讨之处。

实例1中，"人名译名对照表"似应放到"主题索引"之后。

实例2中，"参考文献"似应放到"附件"之前。

实例3中，"彩图插页目录"似应作为前辅文；"后记"应移到最后。

实例4中，"参考书目"和"索引"也是要翻译的，之前翻译并未结束，所以"译后记"应移到"索引"之后。

实例5中，"注释"和"索引"都是原书就有的。从维护原书完整性考虑,"后记"和"鸣谢"需要后移。

25.2　参考文献和附录次序的讨论

　　参考文献和附录,二者都是常见的辅文,跟正文关系都很紧密。谁先谁后,现有文献都很常见。

　　考虑到附录往往是引用的现成资料,一般具有较强独立性、完整性,而参考文献往往与正文某部分内容直接相关,所以一般说来,还是参考文献跟正文关系更紧密一些。因此,倾向于把参考文献排在附录前面。

25.3　排序原则

　　除注释可能排在图书中间的各种位置外,后辅文统一排在正文之后。

　　后辅文的排序原则,与前辅文的排序原则相对应,应依据各辅文跟正文关系的密切程度由前到后排列,或者说按照各辅文覆盖性的窄宽由前到后排列。

25.4　一般次序

　　根据前述原则,可以拟出后辅文的一般次序如下:

　　注释—参考文献—附录—大事年表—索引—译名对照表—跋—出版后记。

　　勘误表一般不作为书刊的一部分。

期刊辅文篇

26 中国标准连续出版物号

按照GB/T 9999.1—2018《中国标准连续出版物号　第1部分：CN》的定义，连续出版物是"通常具有编号，无预定结束日期，具有固定名称，连续分册或分部出版的出版物"。"连续出版物包括期刊、年度出版物、报纸和丛刊等。"

需要指出的是，年鉴逐年出版，题名不变，按年编号，是可以作为连续出版物的，但往往被当作图书，使用ISBN，此时就不是连续出版物了。

26.1　标准制定

1972年国际标准化组织第46技术委员会（ISO/TC46）制定了国际标准连续出版物号（ISSN），1974年成为国际标准，1986年出版国际标准第二版。

1988年12月10日中国推出国家标准GB 9999—88《中国标准刊号》（后改称为"GB/T 9999—1988《中国标准刊号》"），1989年7月1日起在全国实施。

2001年11月14日发布GB/T 9999—2001《中国标准连续出版物号》，是等效采用国际标准第三版ISO 3297：1998《国际标准连续出版物号（ISSN）》，对GB/T 9999—1988《中国标准刊号》进行修订形成的，2002年6月1日实施。

2007年国际标准第四版ISO 3297:2007《信息与文献国际标准连续出版物号（ISSN）》拓宽了应用范围，使其可以涵盖连续出版物和诸如更新数据库等新型资源其他连续性资源，确认给不同载体版本的连续性资源分配不同的ISSN。

2018年6月7日国家标准修订为GB/T 9999.1—2018《中国标准连续出版物号　第1部分：CN》和GB/T 9999.2—2018《中国标准连续出版物号

第 2 部分：ISSN》。2018 年 10 月 1 日实施。第 1 部分"适用于经国务院出版行政管理部门许可出版的连续出版物"。第 2 部分"适用于中华人民共和国境内出版的任何载体的连续性资源，包括传统的期刊、报纸、年度出版物等连续出版物，也包括更广义的连续性资源，即在任何载体上连续发行、没有事先确定结束时间的出版物"。

在 GB/T 9999—2001《中国标准连续出版物号》中，中国标准连续出版物号由一个国际标准连续出版物号和一个国内统一连续出版物号两部分组成。而作为中国标准连续出版物号组成部分的国际标准连续出版物号和国内统一连续出版物号又可以单独使用。事实上，相当于存在着三个号。

在 GB/T 9999.2—2018《中国标准连续出版物号　第 2 部分：ISSN》中，中国标准连续出版物号被定义为："在中华人民共和国境内分配的与国际标准连续出版物号（ISSN）的编码结构一致的连续出版物的标识符。"也就是说，跟中国标准书号的情况类似了：就像用 ISBN 作为 CSBN 一样，以 ISSN 作为 CSSN。这也意味着国内统一连续出版物号从中国标准连续出版物号中独立了出来。

国内统一连续出版物号结构：CN××-××××/YYY。

国内统一连续出版物号包括前缀标识、主体代码、附加代码三部分。其中，主体代码包括 2 位数字地区代码和 4 位地区序号。地区代码和地区序号之间用半字线"-"分隔。

中国标准连续出版物号（ISSN）结构：ISSN××××-××××。

中国标准连续出版物号是由 ISSN 网络分配给连续性资源的一组由拉丁字母前缀"ISSN"和其后 8 位数字（包括一位校验码）组成的标识符。

26.2　正名

1988 年的国家标准 GB9999—88《中国标准刊号》，是使用"中国标准刊号""国际标准刊号"（ISSN）、"国内统一刊号"（CN）等名称的。

"刊号"，当然被理解为"刊"的编号。GB9999—88"1.2 适用范围"规定："本标准适用于经中国新闻出版管理部门正式登记的报刊和期刊。"然而按照《现代汉语词典》的解释，"报刊"就是"报纸和杂志的合称"。在一般读者的心目中，刊，就是期刊，即杂志，不包括报纸。所以称其为"刊号"，有可能让读者产生误解。"连续出版物号"是连续出版物的编号，连续出版物包括期刊、报纸等，则含义明确，不会误解。其实，GB 9999—88"3.1 国际标准刊号（ISSN）"中就说："国际标准刊号等效采用国际标准 ISO3297《文献工作——国际标准连续出版物号（ISSN)》。"可见，国际标准原来就是用"连续出版物"而非"刊"这一术语的。显然，GB/T 9999—2001《中国标准连续出版物号》改用"中国标准连续出版物号""国际标准连续出版物号""国内统一连续出版物号"名称，比原版更科学，更严谨。

"刊号"跟"连续出版物号"，两个术语是不同的，不应混用。我们应该对标准的这个重要修改给予理解和尊重。新标准发布之后，在正式的场合，具体指称"连续出版物号"就不该再称为"刊号"了。原来的"中国标准刊号""国际标准刊号""国内统一刊号"就不该再用了。遗憾的是，多年来仍然使用旧名称的期刊却很多。见图 26-1 ～图 26-7。

《诗刊》指称"中国标准连续出版物号"只用"刊号"二字，不够正规。

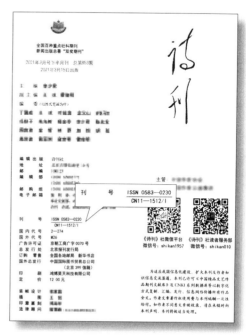

图 26-1 《诗刊》（2021 年 3 月下半月刊）版权块

《求知》版权块使用"中国标准刊号"的名称，并非符合现行标准规范的名称。

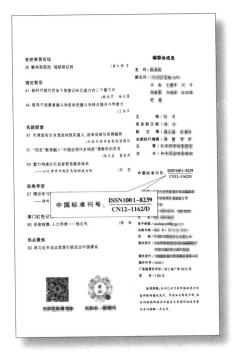

图 26-2 《求知》(2021-01)版权块

《清明》将中国标准连续出版物号（国际标准连续出版物号和国内统一连续出版物号）称为"统一刊号"，错误。

图 26-3 《清明》(2020 年 9 月)底封

《艺术评鉴》称"国际刊号""国内刊号",不妥。

图 26-4 《艺术评鉴》(2021/03)封面

《心血管病防治知识》分别称"国际刊号""中国刊号",也是不对。

图 26-5 《心血管病防治知识》(2021 年 1 月)封面

《老人世界》使用"国内统一刊号"的旧称。还使用了"国际统一刊号"的名称,这叫法不知从何而来。

图 26-6 《老人世界》（2021.1）版本记录页

《共产党人》把国际标准连续出版物号叫"国际版号",莫名其妙。

图 26-7 《共产党人》（2021 年 1 月）版权块局部

还有其他种种错误的叫法。见图 26-8～图 26-21。

《开放时代》称 ISSN 和 CN 为"出版刊号",可谓"独创"。

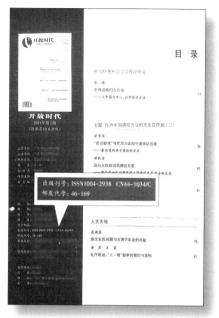

图 26-8 《开放时代》(2021 年第 2 期)版权块

《装饰装修天地》封面使用"国内统一出版刊号""国际标准出版刊号"的名称也是没有根据。

图 26-9 《装饰装修天地》(2020,12 下)封面

《三联生活周刊》称 ISSN 和 CN 为"期刊登记证号",有点奇怪。

图 26-10 《三联生活周刊》(2020 年 12 月)版权块

《红岩春秋》使用"国际标准出版物刊号""国内统一刊号"的叫法。显然,"出版物刊号",没有道理。

图 26-11 《红岩春秋》(2021 年 2 月)版权块局部

《炎黄春秋》使用"国际标准连续出版刊号""国内统一刊号"的叫法。显然,"连续出版刊号",没有道理。

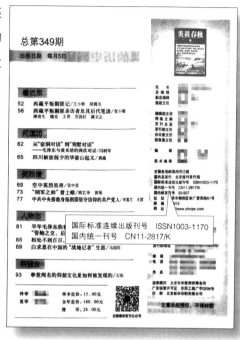

图 26-12 《炎黄春秋》(2021 年 4 月)版权页

《语文建设》版权块中标识为"连续出版物号",似乎不错,但没有指明何种连续出版物号,感觉不够具体、明确、规范。

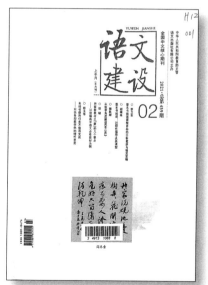

图 26-13 《语文建设》(2021-02)面封、版权块

《热带医学杂志》称"标准连续出版物号",缺"中国"二字。

图 26-14 《热带医学杂志》(2021 年 2 月)版权页

《攀登》(哲学社会科学双月刊)称"国际连续出版物",既无"标准",也无"号"。

图 26-15 《攀登》(哲学社会科学双月刊,2020 年第 5 期)封面

《现代泌尿生殖肿瘤杂志》称"中国标准连续出版物"，缺了"号"字。

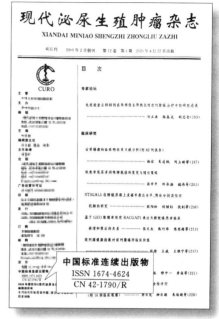

图 26-16 《现代泌尿生殖肿瘤杂志》（2020 年 8 月）版权页

《肝胆胰外科杂志》称"中国标准连续出版物编号"，多出一个"编"字。

图 26-17 《肝胆胰外科杂志》（2018 年 11 月）版权页

《心肺血管病杂志》版权块中称"中国标准连续出版物刊号",多了个"刊"字。

图 26-18 《心肺血管病杂志》(2020 年 8 月)版权页

《公共管理学报》(2021 年 4 月)版权页中"国内统一标准连续出版物号",多了"标准"二字。

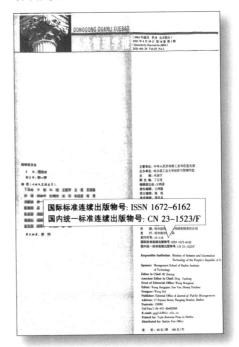

图 26-19 《公共管理学报》(2021 年 4 月)版权页

《中国骨质疏松杂志》称"中国和国际标准连续出版物刊号"。"中国"和"国际","连续出版物"和"刊",哪能如此"联合"？

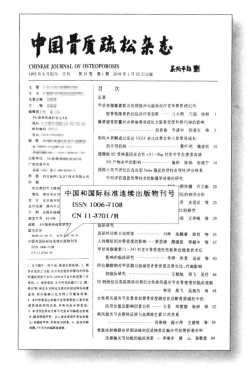

图 26-20 《中国骨质疏松杂志》(2018 年第1 期)版权页

《周易研究》版权页的国内统一连续出版物号被称为"国内统一刊号",国际标准连续出版物号,丢了"号"字。

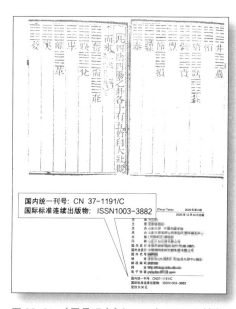

图 26-21 《周易研究》(2020 年 12 月)封底

有些期刊将"刊号"和"连续出版物号"并用，令人费解。见图26–22、图26–23。

《东岳论丛》面封使用"国际标准连续出版物号"和"国内统一刊号"，不知出于何种考虑。

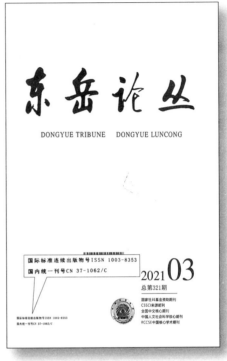

图 26–22 《东岳论丛》(2021–03)封面

《中华奇石》"刊号"与"连续出版物号"混用。令人费解的是，"国际统一刊号"从何而来？

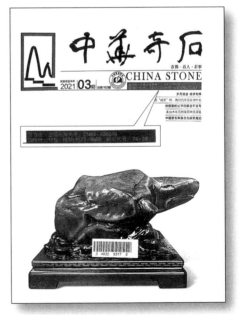

图 26–23 《中华奇石》(2021–03)封面

也有些期刊连续出版物号的名称与号不对应。见图 26-24、图 26-25。

"国际标准连续出版物号"涵盖不到"CN"。

图 26-24 《临床精神医学杂志》(2021 年 4 月)版权页

"国内统一连续出版物号"涵盖不到"ISSN"。

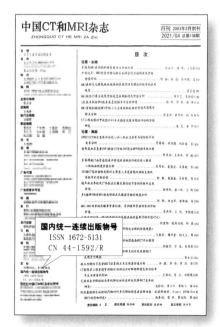

图 26-25 《中国 CT 和 MRI 杂志》(2021/04)版权页

26.3　显示位置与格式

GB/T 9999.1—2018《中国标准连续出版物号　第 1 部分：CN》"6　印制与显示位置"要求：

6.1 印制与显示字号

国内统一连续出版物号印制或显示在连续出版物上的字号应不小于 5 号字。

6.2 印刷在报纸上

国内统一连续出版物号应固定印在报头和（或）其他显著位置上。

6.3 印刷在期刊上

国内统一连续出版物号应固定印在期刊版权页（块）、封一、封四下方等任意位置上。

6.4 显示在网络连续出版物上

国内统一连续出版物号应显示在网络连续出版物的显著位置，包括题名屏（第一屏或主菜单）以及嵌入网络连接连续出版物的首页等处。

6.5 印制和显示在连续型电子出版物上

国内统一连续出版物号应印制和显示在连续型电子出版物的显著位置，包括外包装、封套、标签、题名屏（第一屏或主菜单）等处。

6.6 与 ISSN 一起印刷

当连续出版物有 ISSN 时，CN 可与 ISSN 一起印制或显示，格式如下：

$$\frac{\text{ISSN} \times\times\times\times-\times\times\times\times}{\text{CN} \times\times-\times\times\times\times/\text{YYY}}$$

GB/T 9999.2—2018《中国标准连续出版物号　第 2 部分：ISSN》"7　中国标准连续出版物号（ISSN）的显示位置与格式"规定："中国标准连续出版物号（ISSN）由前缀'ISSN'和两组数字组成。前缀'ISSN'和其后的两组数字之间使用一个半角空格相隔。两组数字中每 4 个数字为一组，两组数字之间用一个半角连字符'-'隔开。"

《学习与实践》封底中国标准连续出版物号（ISSN）和国内统一连续出版物号（CN）中，前缀与数字之间缺少半角空格，数字之间的半角连字符误为双连线了。见图 26-26。

GB/T 9999.2—2018《中国标准连续出版物号 第 2 部分：ISSN》"7 中国标准连续出版物号（ISSN）的显示位置与格式"也规定：对于印刷型连续性资源，"中国标准连续出版物号（ISSN）应印在每期

图 26-26 《学习与实践》（2021 年第 3 期）封底

连续出版物显著的、固定的位置上"。"在印刷时，中国标准连续出版物号（ISSN）应印刷在出版物的封面右上角、题名页、刊头、版权页（块）或目次页和封四下方。"

《中国国境卫生检疫杂志》把 CODEN 码夹到 ISSN 和 CN 之间，不当。《中国卫生检验杂志》的形式才是对的。见图 26-27。

图 26-28 这种 CN 在横线之上，ISSN 在横线之下的显示格式是不符合标准规定的。

《实用癌症杂志》的这种中国标准连续出版物号显示格式不符合标准规定。见图 26-29。

《气象与环境学报》的这种中国标准连续出版物号显示格式也不符合标准规定。见图 26-30。

近些年，许多期刊在传统的纸质版之外设立了网络版。按规定，网络版申办了自己的标准连续出版物号。在纸质版的期刊上，是否应该显示网络版的标准连续出版物号？可否显示网络版的标准连续出版物号？如何显示网络版的标准连续出版物号？这是需要人们回答的问题。

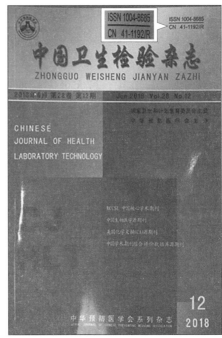

（a）　　　　　　　　　　　（b）

图 26-27 《中国国境卫生检疫杂志》（2018,5）和《中国卫生检验杂志》（2018,12）封面

图 26-28 《西北地质》（2021 年第 1 期）封面和版权块

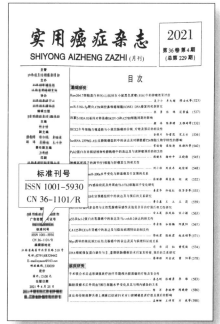

图 26-29 《实用癌症杂志》（2021，第 4 期）封面和版权页

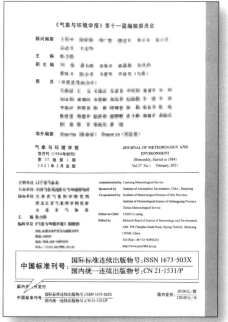

图 26-30 《气象与环境学报》（2021，第 1 期）封面和版权块

图 26-31 《中国当代儿科杂志》(2021,第 4 期)封面和版权页

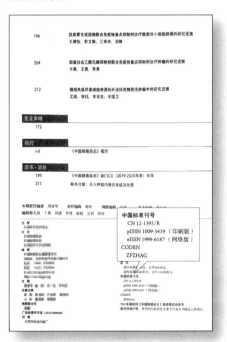

图 26-32 《中国肺癌杂志》(2021 年 3 月)封面和版权页

图 26-31《中国当代儿科杂志》的这种中国标准连续出版物号显示格式有何依据？

《中国肺癌杂志》创造了中国标准连续出版物号（ISSN）前缀和后注，有何依据？见图 26-32。

笔者曾经抽查国家图书馆部分医学、卫生期刊和部分社科期刊的编号使用情况。粗略统计见表 26-1、表 26-2。

表 26-1　期刊编号抽查统计表（医学卫生期刊，2018）

编号名称	抽查种数	占比 /%
中国标准连续出版物号	123	44.57
国际标准连续出版物号、国内统一连续出版物号	47	17.03
无中文名	7	2.54
中国标准连续出版物号（下含 CODEN）	5	1.81
中国标准连续出版物号（中无横线）	15	5.43
中国标准连续出版物刊号	1	0.36
标准连续出版物号	1	0.36
中国标准连续出版物__	2	0.72
国际标准连续出版物号	1	0.36
中国标准连续出版物编号	1	0.36
中国标准刊号	47	17.03
标准刊号	8	2.90
中国刊号	1	0.36
刊号	9	3.26
国际标准刊号、国内统一刊号	6	2.17
国内统一连续出版物号	1	0.36
中国和国际标准连续出版物刊号	1	0.36

注：抽查期刊合计 276 种。

此表中，前两项合计61.60%。这也就意味着将近四成是有问题的。本来，科技期刊还是标准化起步较早，标准化程度较好的。

表26-2 期刊编号抽查统计表（社科期刊，2019）

编号名称	抽查种数	占比 /%
中国标准连续出版物号	17	4.30
（合号，无中文名）	20	5.06
国际标准连续出版物号、国内统一连续出版物号	75	18.99
（分号，无中文名）	15	3.80
中国标准连续出版物	1	0.25
国内连续出版物、国际连续出版物	1	0.25
国际标准连续出版刊号、国内统一连续出版刊号	1	0.25
国际标准连续出版物号、国内统一标准连续出版刊号	1	0.25
国内统一连续出版物号、国际标准连续出版物号、网络版刊号	1	0.25
国际标准出版物刊号	1	0.25
中国标准刊号	10	2.53
国内统一刊号	18	4.56
标准刊号	5	1.27
统一刊号	2	0.51
出版刊号	2	0.51
刊号	82	20.76
国际标准刊号、国内统一刊号	123	31.14
国际标准刊号、国内标准刊号	1	0.25
国际标准刊号、国内刊号	2	0.51
国际标准期刊号、国内统一刊号	3	0.76
国际统一刊号、国内统一刊号	2	0.51
国际刊号、国内刊号	8	2.03

编号名称	抽查种数	占比 /%
国际刊号、国内统一刊号	1	0.25
国际版号、国内刊号	1	0.25
国内刊号、国外刊号	1	0.25
统一刊号、国际标准	1	0.25

注：抽查期刊合计 395 种。

前四项合计 32.15%，即使用规范名称的还不足总数的三分之一。

26.4 分配原则

中国标准连续出版物号的分配原则是一贯的、明确的。

GB/T 9999—2001《中国标准连续出版物号》明确规定："采用一个号对应一种连续出版物的基本原则。"

2005 年《期刊出版管理规定》第三十三条："一个国内统一连续出版物号只能对应出版一种期刊，不得用同一国内统一连续出版物号出版不同版本的期刊。"

2007 年《期刊出版形式规范》"5.2.3"具体规定：一种期刊不能以"社会科学版""自然科学版""教师版""学生版"等字样，交替出版两种或两种以上期刊；一种教育辅导类期刊不能分别使用"××年级""小学版""语文版""英语"等字样，出版两种或两种以上期刊。

GB/T 9999.1—2018《中国标准连续出版物号 第 1 部分：CN》"CN 的分配"中再次明确了"一种一号""一型一号"规则。

GB/T 9999.2—2018《中国标准连续出版物号 第 2 部分：ISSN》"中国标准连续出版物号（ISSN）的分配"中强调："一种载体上的一种连续性资源只应分配一个 ISSN。"

然而多年来"一号多刊的"的违规现象却并不少见。见图 26-33。

图 26-33 《大学·学术版》(2013 年 12 月，大学杂志中旬刊)和《大学·校园版》(2013 年 12 月)封面

图 26-34 《大学》(2019 年 10 月)不同版本封面

　　学术版与校园版，刊名主体相同，主管、主办者相同，出版时间相同，内容则明显不同，是一家期刊的两个版本，但使用相同的国内统一连续出版物号和国际标准连续出版物号。是否会给读者订阅、检索使用造成不便？

　　此外，所用的"国内连续出版物号"缺了"统一"二字，"国际连续出版物号"缺了"标准"二字，亦属明显的错误。

　　《大学》（2019 年 10 月）的三本期刊内容和外在设计风格截然不同，无法想象它们之间的关联，然而其国内统一连续出版物号 CN50-1178/G4 与国际标准连续出版物号 ISSN1673-7164 还就是都一样。

　　2015 年看到《疯狂英语》月刊，有五个版本：教师版、中学版、口语版、阅读版、原声版。五个版本内容明显不同，使用的国内统一连续出版物号和国际标准连续出版物号却完全相同：国内统一连续出版物号 CN36-1292/H，国际标准连续出版物号 ISSN1006-2831。这显然不符合规定。

　　图 26-35 是 2019 年 11 月看到的《疯狂英语》的四种版本：初中版、新阅版、读写版、爱英语版。它还有小学版、双语世界版，使用的都仍然是相同的国内统一连续出版物号 CN36-1292/H，国际标准连续出版物号 ISSN1006-2831。奇妙的是，明明是不同内容，面向不同读者的不同版本的期刊，却又统一期号，似乎就是一种期刊。如此"拼盘"，不知是不是"打擦边球"，可谓"别具匠心"了。

　　这类问题在面向中小学的报刊中其实也常见。经常有一家期刊"语文版""数学版""高一版""高二版"等使用相同的标准连续出版物号的。

（a）

（b）

（c）

（d）

图 26-35 《疯狂英语》（2019.11）四种版本封面

27　封面

关于期刊封面的辅文设置，GB/T 3179—2009《期刊编排格式》有明确规定。

　　5.1　期刊的封一上应标明以下项目：

　　　　a）刊名，包括可能有的副刊名和并列刊名；

　　　　b）出版年、卷号、期号，或出版年、期号；

　　　　c）主办者（刊名已表明主办单位者除外）；

　　　　d）出版者（必要时）；

　　　　e）中国标准连续出版物号（按 GB/T 9999 规定）；

　　　　f）中国标准连续出版物号（ISSN 部分）条码（按 GB/T 16827 的规定，优先位置为封一的左下角，也可为封四的右下角）。

　　　　……………

　　5.3　封面上标志项目中的数字应按规定采用阿拉伯数字。

问题比较多的常见于刊名，出版年、期号，封面数字，主办者，标识性文字，边缘刊名等方面。

27.1　刊名

关于期刊刊名，GB/T 3179—2009《期刊编排格式》亦有具体规定。

4.1　刊名应当简明确切，能够准确界定该期刊所涉及的知识和活动领域，并便于引用。刊名应因其字体、字号和编排而易于识别，不和其他与之相伴的细节混淆，无歧义。广告、插图等不得对刊名构成干扰。封面中其他信息的字号应不大于刊名字号。

4.2　刊名如未能确切反映该期刊的特定主题，应当用一副刊名补充表达。副刊名应紧随刊名，其格式应有明显区别。

4.3　期刊可有与刊名同义的其他文种的并列刊名，且二者同等重要。并列刊名次序在各期之间不得改变。外文并列刊名如用缩写形式，应以直观和不引起误解为原则。

4.4　刊名在期刊中任何地方出现都应一致。

4.5　中文期刊应按GB/T 3259的要求，加注刊名的汉语拼音，可印刷在期刊的适当位置，例如封一，或目次页版头，或版权标志块内。

4.6　外文期刊应在封面同时刊印其中文刊名。

4.7　刊名不得随意变更。如确实需要，刊名变更应从新的一卷（年）开始。变更后原刊名应在显著位置出现至少1年。

《期刊出版管理规定》第三十二条规定：

期刊须在封面的明显位置刊载期刊名称……期刊封面其他文字标识不得明显于刊名。……期刊的外文刊名须是中文刊名的直译。外文期刊封面上必须同时刊印中文刊名；少数民族文种期刊封面上必须同时刊印汉语刊名。

有关刊名的不规范问题主要有以下几种。

（1）欠明显

《期刊编排格式》规定："封面中其他信息的字号应不大于刊名字号。"有些期刊明显不符合本规定。见图27-1～图27-4。

国家图书馆放这本期刊的架子上标的是"深圳特区科技"。查这家杂志的官方网站，有介绍说："2006年底，《深圳特区科技》杂志改版为《深圳特

图 27-1 《创富志》(2012 年 4 月号)封面　　　图 27-2 《创富志》版权标志

图 27-3 《音乐世界》(2014.2 上)　图 27-4 《音乐世界》(2014.02 上)目次页
封面

区科技·创富志》……《创富志》每月印刷 20 万份，面向全国发行。"从封面看，刊名是《深圳特区科技》，是《深圳特区科技·创富志》，还是《创富志》，不够明确。可以确定的是，最显著的几个字"社交模式"，不是刊名。

可以看到，版权标志中刊名到底叫什么，也不明确。

《音乐世界》封面最突出的不是"音乐世界"，而是"Easy"。再看目次页，根本就不见"音乐世界"，如果说"Easy"才是刊名，那么，中文期刊，西文名称？只能让人有点糊涂了。

图 27-5 《体育风尚》（2014 年 1 月）封面和版权页

《体育风尚》（2014 年 1 月）封面，最初看到，不辨刊名。翻阅内文，看到都是高尔夫方面的文和图，看到不很明显的"大视野"和"GOLF WORLD"的一部分，以为刊名是"高尔夫大视野"。几年后，检索不到"高尔夫大视野"，经期刊阅览室工作人员提示，才知道刊名是《体育风尚》。回头再看 2014 年 1 月刊本。从版权标志中看到了到字号字体都不突出的"体育风尚",在封面人物耳下找到隐约的"体育风尚"四字。见图27-5。

（2）遮挡

如果说刊名不明显已属违规的话,那么刊名文字的相当部分被图像遮挡,根本看不到,是不是违规呢? 见图27-6、图27-7。

图 27-6 《英语广场》（2017 年 1-2 月号）封面　　图 27-7 《时尚先生》（2021/02）封面

《英语广场》（2017 年 1-2 月号）封面中,刊名只露出了"广场"二字。

《时尚先生》（2021/02）封面中,刊名被遮挡了将近一半。

（3）不统一

刊名在期刊中任何地方出现都应一致。说来似乎不该成为一个问题。然而实际问题还确有发生。见图27-8、图27-9。

《证券市场红周刊》（2018 年 11 月 17 日）封面显示繁体字的《證券市場週刊》刊名和简体字的"红周刊"名称,《证券市场红周刊》（2021 年 4 月 17 日）封面刊名全用了简体字。两本期刊,在目次页都显示简体字的《证券市场红周刊》和《红周刊》,还有一个幼圆体繁体字夹行书体字的"證券市場紅週刊"。有点让人不知到底该叫它什么。

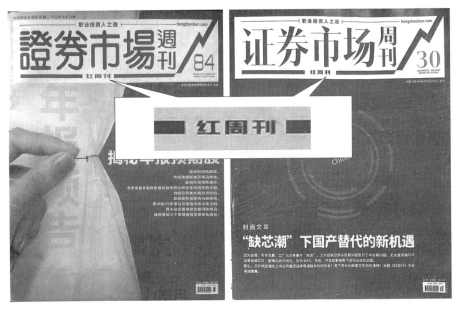

图 27-8 《证券市场红周刊》(2018 年 11 月 17 日、2021 年 4 月 17 日)封面

图 27-9 《证券市场红周刊》(2021 年 4 月 17 日)目次页

还有令人费解的是，2021 年 4 月 16 日出版的《证券市场周刊》，与 2021 年 4 月 17 日出版的《证券市场红周刊》同用 ISSN 1004-6291、CN11-3043/F。说它们是同一种周刊吧，两期的刊期并非相差一周，刊名也有差异。

图 27-10 《证券市场周刊》（2021 年 4 月 16 日）封面

图 27-11 《中国军转民》（2021，1）面封

（4）设计成谜

看一个实例。

乍看图 27-11 这本期刊的刊名，老实说，读的是"中民转军国""民国转中军"，当然读不通。读"中国民转军"，自然也不对。如此设计，对读者的理解力是个考验吧？

（5）不见中文刊名

如果说刊名不明显、刊名部分被遮挡或设计玩弄字码游戏，不便读者识别的话，那么，更有甚者，就是有些期刊完全找不到中文刊名了。见图 27-12、图 27-13。

《收藏》总第 285 期感觉正常。总第 286 期封面上部的"艺术.设计.建

图 27-12 《收藏》（2014.05，总第 285 期、286 期）封面

图 27-13 《di》（2017.3.20）封面

筑.摄影.时尚.生活"显然并非刊名。封面突出的是"ARTY",为何不列中文名?作为《收藏》2014年5月出版的两期,各自单独成册,单编目次和页码,封面为何差别如此之大呢?

图27-13中刊名很明显,然而只有两个拉丁字母,外文。中文刊名呢?不是不显眼,而是根本就找不到!到里面版权页和目次页找,也没找到。

GB/T 3179—2009《期刊编排格式》"4刊名"规定:"外文期刊应在封面同时刊印其中文刊名。"中文期刊有中文刊名应该是不言而喻的吧?

不见中文刊名,应属违规。

27.2 出版年、期号

GB/T 3179—2009《期刊编排格式》规定:

6.1 期刊一般依次分卷期出版。通常为每年出版1卷,也可以1年出版多卷或多年出版1卷,还可以不设卷。卷的编号应是连续的,用阿拉伯数字从第1卷开始。

6.2 期刊按卷装订时卷首应有刊名页。刊名页须有下列项目:

a)刊名,包括可能有的副刊名、并列刊名和刊名的汉语拼音;

b)出版年和卷号;

c)主办者;

d)出版者和出版地(必要时);

e)中国标准连续出版物号。

6.3 构成期刊一卷的各期,应该按顺序连续编码。每卷的首期编码为第1期。在一卷的最后1期,应在适当位置,如封面,或目次页版头,或版权标志块等,注明"卷终"字样。

6.4 如果期刊的期次序码因故中断,应在下一期的显著位置标明中断期次和时间。在几期合并出刊时,如第7、8期合并出版,应编成第7-8期。

《期刊出版管理规定》第三十二条规定：期刊须在封面的明显位置刊载期刊名称和年、月、期、卷等顺序编号，不得以总期号代替年、月、期号。

对于刊载期刊年、月、期、卷等顺序编号的规定，期刊通常比较重视，有问题的并不多见。

《中国篆刻》总第 37 期 2021 年 2 月出版，封面和版权标志中都未标明月份，让人产生"是不是年刊"的疑问。经查，看到该刊 2020 年出版了总第 31~ 总第 36 期，双月出版，可知是双月刊。看来，该刊违背了"不得以总期号代替年、月、期号"的规定。见图 27-14。

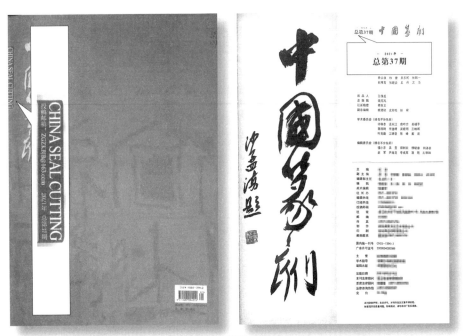

图 27-14 《中国篆刻》（总第 37 期）封面和版权页

图 27-15 是《电子乐园》7 月号，还是《电玩风云》7 月号？

图 27-16《装饰装修天地》封面完全不标注年、月、期号，实在难以理解。不想让读者辨识？

图 27-15 《电子乐园》(2013 年 7 月)封面   图 27-16 《装饰装修天地》封面

27.3 封面数字

GB/T 3179—2009《期刊编排格式》"5.3"节要求:"封面上标志项目中的数字应按规定采用阿拉伯数字。"现实中有少数期刊仍使用汉字数字,或混用阿拉伯数字和汉字数字。

如果说,像《红楼梦学刊》那样带着中国古典味道的期刊,全用汉字数字表示期号还容易理解的话,像《清明》这样,阿拉伯数字和汉字数字混用,就显得特别了。见图 27-17。

27.4 主办者

GB/T 3179—2009《期刊编排格式》"5.1"节要求封一标明主办者(刊

图 27-17 《清明》(2019 伍)封面

名已表明主办单位者除外)、出版者(必要时)。

《期刊出版形式规范》"6.1.5"节规定:"期刊主管单位、主办单位、出版单位应印在期刊版权页或期刊封面等处。"

现实中封一没有标明主办者的很常见。有的标明主管者,却不标明主办者。

《当代小说》封面没有标明主办者、出版者。见图 27-18。

《图书馆杂志》封面列有两个单位名称。是主办,还是主管?责任不明。见图 27-19。

图 27-18 《当代小说》(2019 年第 11 期)封面

图 27-19 《图书馆杂志》(2021,2)封面

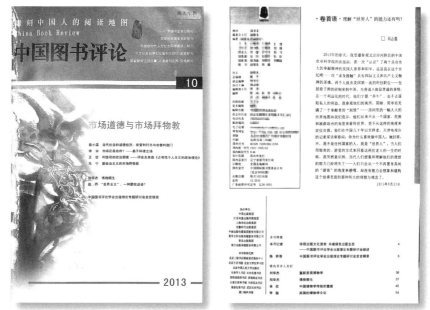

图 27-20 《中国图书评论》(2013.10)封面和版权页

《中国图书评论》这个封面未列主管单位、主办单位。不只是封面,版权标志中列了 8 家协办单位,还是找不到主管单位、主办单位。见图 27-20。

27.5 标识性文字

期刊标识性文字是在期刊封面或显著位置上对期刊进行宣传的文字。《期刊出版形式规范》规定:

> 11.2.1 期刊标识性文字不得使用毫无实据的、过于夸张的宣传语言,如:"世界排名第 × 名"、"全球发行量最大"、"中国唯一的"、"× × 领域最早期刊"、"获奖最多"等。

> 11.2.2 期刊刊名的补充文字说明、期刊内容宣传等标识性文字不得明显于期刊刊名,不得通过颜色、位置等手段突出显示。

期刊在封面或显著位置用简短的文字展示自身的价值和特色，进行宣传，是一件既有利于期刊自身，也有利于读者的好事。想要做得出彩，却也不容易。

常见期刊宣告自己是"××核心期刊""××数据库收录期刊""××索引来源期刊"，这些大概得算是"中规中矩"的标识性文字了。

也看到了一些有特色的标识性文字，例如："以人物记录时代"（《环球人物》）、"商业改变世界　文化引领未来"（《商业文化》）、"众所周知的人物　鲜为人知的故事"（《纵横》）、"科学引领生活　生活享用科学"（《科学生活》）、"中国幽默　批发中心"（《喜剧世界》）等。

问题在于，标识性文字在内容真实准确，达到宣传本刊的效果时，还要有一个前提，就是不能贬低他刊。本刊要发展，也不能"阻挡"他刊前行之路。

《期刊出版形式规范》规定不得使用"中国唯一的"。现有的期刊还确实有宣称"中国唯一的"，例如："中国汽车产业唯一软科学期刊"（《汽车工业研究》）、"中国汽车工业协会唯一出品"（《汽车纵横》）、"全国五金制品行业唯一的综合性科技期刊"（《五金科技》）。现在是否唯一，能否得到公认自然是一个问题。假如当下真是唯一的，那么是否能限制别人不再来一个呢？当然无权这样限制。

"最"字，在标识性文字中应属忌用字。在万种期刊之中，自称为"最"的并不多见。"中国最新锐的时事生活周刊"可以算是一个了。封面最显赫的四个字"中国辣度"可不是刊名哦！它只是本期的专题名称。这个封面设计违规了（见本书"27.1"节）。见图27-21。

《统计与决策》自称"中国最具国际影响力学术期刊"，不知是谁评定的，也不知其他学科那么多期刊是否都认可。见图27-22。

27.6　边缘刊名

GB/T 3179—2009《期刊编排格式》5.2要求："期刊的单册和合订本，

图 27-21 《新周刊》(2019.12) 封面

图 27-22 《统计与决策》(2021/06)
封面

图 27-23 《中国德育》边缘刊名

其书脊厚度大于等于 5mm 时，应按照 GB/T 11668 的规定，在书脊上排印刊名、卷号、期号和出版年份；若书脊厚度小于 5mm 或由于其他原因不能排印上述信息时，可将其排印在封四上距订口不大于 15mm 的范围内。"

期刊多数比较薄，与图书的边缘名称相比，边缘刊名的应用应该更多。遗憾的是，罕有按照这个要求做了的。

《中国德育》为骑马钉装，书脊不能排字。在封四接近订口处排印了刊名、出版年、期号等文字，效果良好。见图 27-23。

28 版权标志

28.1 位置

新闻出版总署新出报刊〔2007〕376号《期刊出版形式规范》规定：

10 期刊版权页

期刊出版情况的记录，列载供国家版本管理部门、出版发行单位、信息资源管理等部门使用的版本资料。

10.1 期刊版权页规定

10.1.1 期刊版权页执行《期刊出版管理规定》相关规定。

10.1.2 期刊版权页记录：期刊名称、主管单位、主办单位、出版单位、印刷单位、发行单位、出版日期、总编辑（主编）姓名、定价、国内统一连续出版物号、广告经营许可证号。

10.2 期刊版权页准则

10.2.1 期刊须设立版权页，版权页位于期刊正文之前，也可设在期刊封底上。

10.2.2 期刊版权页记录的各个项目应完整。

10.2.3 期刊版权页记录的项目应与封面或封底上记录的相同项目保持一致。

GB/T 3179—2009《期刊编排格式》10.1 规定:"期刊每期在封四下方或其他固定位置登载版权标志……。"

从实际情况看,期刊单独设置版权页的很少,版权标志放在封四的也很少,往往是放在内文中,与目次表合用页面。

28.2 项目

2007 年《期刊出版形式规范》"10.1.2"节规定:"期刊版权页记录:期刊名称、主管单位、主办单位、出版单位、印刷单位、发行单位、出版日期、总编辑(主编)姓名、定价、国内统一连续出版物号、广告经营许可证号。"计为 11 项。

GB/T 3179—2009《期刊编排格式》"10.1"节列出的,版权标志应包括的内容有 17 项:刊名;刊期;创刊年份;卷号(或年份)和期号;出版日期;主管者;主办者;承办者或协办者(必要时);总编辑(主编)姓名;编辑者及其地址;出版者及其地址;印刷者;发行者;中国标准连续出版物号;增刊批准号(必要时);广告经营许可证和商标注册号(必要时);定价(必要时)。17 项中 4 项有括注"(必要时)"。其他应属"必列"。

有些期刊版权标志内容的完备性和准确性还值得商讨。不少期刊版权标志不标刊期,查看起来得费点劲。

《城市规划》版权页未列主管单位;使用"刊号"旧名。见图 28-1。

《大众健康》版权页称"主管主办""国家卫生健康委员会健康报社",不妥。国家卫生健康委员会主管,并非主办;健康报社主办,并非主管。主管和主办是两个概念,不能合成一个。

把国际标准连续出版物号(ISSN)和国内统一连续出版物号(CN)列在邮发代号之下,不知是何道理。见图 28-2。

《中国图书评论》把"国外发行代号"和"国际标准连续出版物号"统称为"国外代号",不知有何依据。有人把"国外发行代号"简称为"国外代号",已属牵强,要把"国际标准连续出版物号"也简称为"国外代号",

图 28-1 《城市规划》封面和版权块

应该说是不行的。按照 GB/T 9999—2001《中国标准连续出版物号》，国际标准连续出版物号即作为中国标准连续出版物号的一部分，按照 GB/T 9999.2—2018《中国标准连续出版物号第 2 部分：ISSN》，中国标准连续出版物号是"在中华人民共和国境内分配的与国际标准连续出版物号（ISSN）的编码结构一致的连续出版物的标

图 28-2 《大众健康》(2021 年第 04 期）版权页

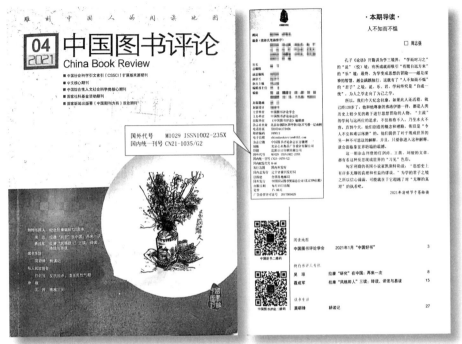

图 28-3 《中国图书评论》(2021，4) 封面和版权页

识符"，也就是说，国际标准连续出版物号（ISSN）已经作为中国标准连续出版物号使用，可不只是"国外"的了。仍然使用"国内统一刊号"亦属不妥。见图 28-3。

《城市空间设计》封面，刊名也不够明显。主要的麻烦在里面。翻开封面，首先看到的是一个插页，装订的，不是活页，上面第一句话是："《城市空间　设计》（*URBAN FLUX*）是天津大学主办的一本建筑类专业杂志。"翻过这页，版权标志却显示："主管、主办　经济日报社、证券日报社"。到底是谁主办的呢？

2014 年看到这个问题时，以为可能是一时疏忽所致。然而，这个不同说法共存的状况还一期期地延续下来了，直到 2018 年底，封二左下角标注"天津大学建筑设计规划研究总院主办"，变成三种说法了！见图 28-4。

《城市空间设计》（2020，1）插页所称的主办者变成了山东建筑大学建筑城规学院，版权页仍称"主管、主办　经济日报社　证券日报社"，二者

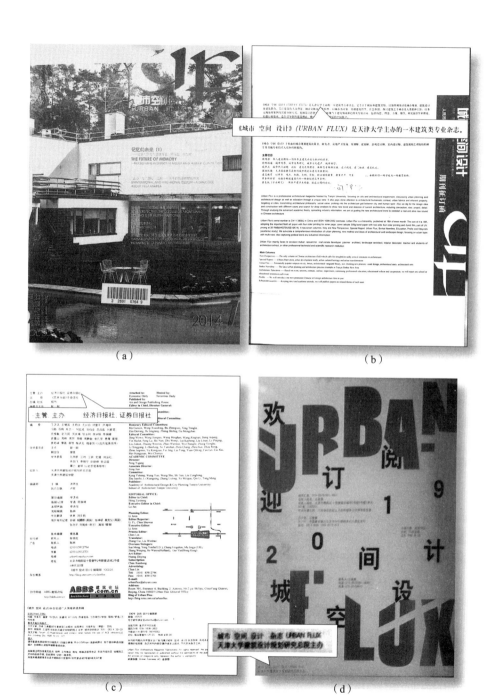

图 28-4 《城市空间设计》(2014，1) 封一、插页、版权页，(2018,12) 封二

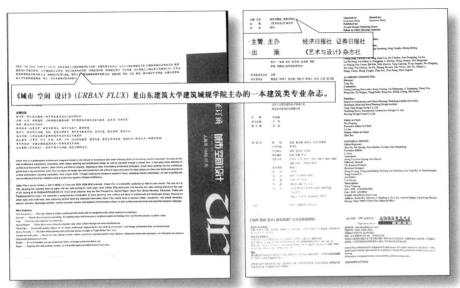

图 28-5 《城市空间设计》（2020,1）插页和版权页

仍然不一致。见图 28-5。

《音乐世界》版权块中没列刊名、刊期、创刊年份、期号、主办者等。此外还有几个疑问，值得商讨。见图 28-6。

主办。缺项。

成都地址。为什么要加"成都"？音乐世界杂志社还有别的地址吗？好像没有。不错，下文还有个"上海地址"，可那是上海奕豆文化传媒有限公司的地址，并不是音乐世界杂志社的另一个地址。那个"上海地址"的"上海"也是没有必要的。否则，电话是否也该分列"成都电话""上海电话"呢？

刊号。叫法不妥。理由前面"25.2"节说过了。

日期。双周刊，顾名思义，是两周出一期的。一年 52 周，应该出版 26 期。但按"每月 5 日及 20 日"的出版日期，一年只能出版 24 期，似乎为"半月刊"。是否对不上辙？

国内发行代号。是不是国外发行代号？

广告许可证。应为"广告经营许可证号"。

图 28-6 《音乐世界》（2017/12 下刊）面封和版权块

29　目次表

GB/T 3179—2009《期刊编排格式》设有一章"目次页",规定目次页"包括目次页版头和目次表"等。

同时发布的 GB/T 13417—2009《期刊目次表》,修改采用 ISO 18:1981《文献工作　期刊目次表》,代替 GB/T 13417—1992《科学技术期刊目次表》。规定了期刊目次表的构成、内容要求和编排格式。

29.1　位置

《期刊目次表》"5.1"节规定:"目次表一般应置于封二后的第 1 页,如需转页应转至第 2 页。目次表也可以置于封一、封二、封三或封四,但目次表的位置在一种期刊中应各期相同,如要变更时,应从新的一卷(年)的第 1 期开始。

市场上,常见封二后的第一页刊载刊首文章,而后才是版权标志、目次表的。

有的目次表等放置更靠后。会不会给读者带来不方便?见图 29-1、图 29-2。

《收藏》本期第 10 页为卷首语,第 14、16 页为目次页,第 18 页为版权标志。第 20 页正文首篇文章《封面故事·虚构的真实》。前 19 页中的其他 15 页为广告。

《西藏旅游》本期目次表见于第 16 页。176 页的期刊,只列了 11 篇文章的标

图 29-1 《收藏》（2014.05，总第 286 期）目次页

图 29-2 《西藏旅游》（2021 年第 4 期）目次页

图 29-3 《第一财经周刊》(2017 年 11 月 6 日) 目次页

题和页码。表中首篇文章是 24 页的《西藏新浪潮》。实际上，目次页之前，除了广告之外，已有第 5 页《卷首语·70 年很长　愿做浪花一朵》，第 6～10 页"关注"栏目 5 篇文章，第 18 页开始的"美在西藏"栏目《西藏十年》一文。

《第一财经周刊》本期第 16、17 页为目次页。左边 16 页左侧是 41、44、46、50、56、59 页标题，16 页右侧是 36、14 页标题，右边 17 页左上是 22 页标题，17 页中上是 65～76 页标题，17 页中是 30、66、67、68、70、71、72、76 页标题，17 页右侧由上到下是 78、79、80、82、86、88 页标题，03、04、06、07、08、09、10、12、20、62、封二、01、11、69、封三、封底、49 页标题。页面条目的摆放次序，令人莫名其妙。目次页是用作让读者一目了然期刊内容的工具，还是要当作跟读者捉迷藏的游戏场呢？见图 29-3。

29.2　表题

GB/T 13417—2009《期刊目次表》6.1 节规定：目次表的表题为"目次"。

说起来，目录跟目次还真不是一回事儿。CY/T50—2008《出版术语》定义目次为"置于出版物正文之前，排列正文及部分有关辅文的标题"；定义目录为"按一定次序编排以供查考的名目"。《现代汉语词典》"目录"的例词就举了个"财产目录"。

可以说，目录是多义词，有时候指的是目次，有些时候指的不是目次。中国从汉代刘向开始创立目录学，按照清代章学诚的说法，称其"部次条别，将以辨章学术，考镜源流"。

按照传统的概念，"'目'者，本来只指罗列的篇名、章名或书名。至于'录'，是指该篇、该章、该书的内容提要。完整地说，要有书名、篇章名并有其内容提要，才可以叫'目录'"。①

标准定名用"目次"，求得简单明确，可谓有深意了。

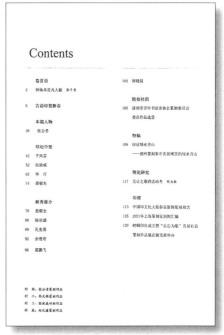

图 29-4 《中国篆刻》（2021 年总第 37 期）目次页

---

① 黄永年.古文献学讲义 [M].上海：中西书局，2014：3.

前面几种期刊,《收藏》和《体育风尚》目次表标题都是"CON-TENTS"。《第一财经周刊》目次表表题用的是"CONTENT 目录"。这里表题用外文似乎有点儿故弄玄虚。

《中国篆刻》,中文期刊,纯中国内容,目次表却偏要用外文标题。不知是何道理。见图 29-4。

有的期刊各期的目次表不带表题(例如《中国科学·数学》《自然辩证法研究》),似有不妥。

29.3 条目文字

GB/T 3179—2009《期刊编排格式》"7.4"规定:目次表应列出本期的下列内容:各篇文章的完整标题和副题名(如有);著者姓名;各篇文章的起始页码或起止页码。

GB/T 13417—2009《期刊目次表》的"编制基本规则"要求:"目次表条目应与其对应的内容一致。"

应该说,这是十分自然的事。然而,现实中却问题多多。

29.3.1 文字差错

目次表文字差错对期刊来说,是一个特殊问题,需要引起重视。

图书,目前通常是正文编辑加工完成之后再提取目录,所以目录与正文不一致的问题基本得到了解决。期刊,则往往仍需要由美术编辑设计文图融合的目次表。这就容易留下出现差错的漏洞。见图 29-5 ~图 29-20。

《玩具》一期期刊的一张目次表上,错误成堆。所列条目,随意看一条,便与正文不一致。

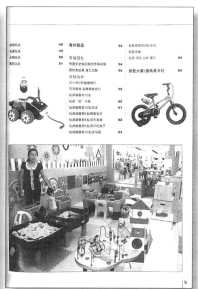

图 29-5 《玩具》(2014，4)目次页

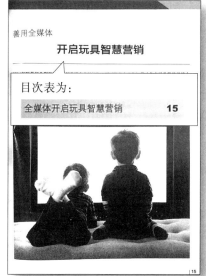

图 29-6 《玩具》(2014，4)第 15 页

图 29-7 《玩具》(2014，4)第 20 页

正文 15 页，标题与目次表所列差了两个字。见图 29-6。正文 20 页，标题与目次表所列比较，少字而多空。见图 29-7。

图 29-8 《玩具》（2014，4）第 22 页　　图 29-9 《玩具》（2014，4）第 26 页

　　正文 22 页，标题中的阿拉伯数字，在目次表中变成了汉字数字。见图 29-8。正文 26 页，标题的主语词在目次表中不见了。见图 29-9。

图 29-10 《玩具》（2014，4）第 28 页　图 29-11 《玩具》（2014，4）第 30 页

　　正文 28 页，标题中的年代在目次表中丢失了。见图 29-10。正文 30 页，标题中的字在目次表中有丢失的。见图 29-11。

图 29-12 《玩具》（2014，4）第34页

图 29-13 《玩具》（2014，4）第44页

正文 34 页的标题，在目次表中丢了"集团""度"等字。见图 29-12。正文 44 页标题跟目次表完全不搭界。见图 29-13。

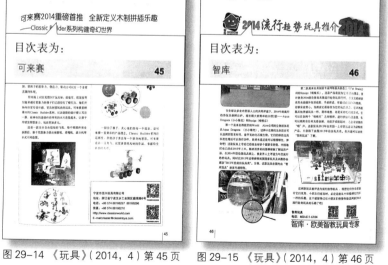

图 29-14 《玩具》（2014，4）第45页　　图 29-15 《玩具》（2014，4）第46页

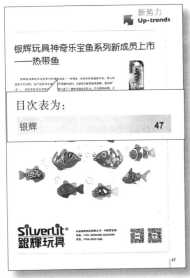

图 29-16 《玩具》（2014，4）第 47 页　　图 29-17 《玩具》（2014，4）第 51 页

正文 45、46、47 页的标题，在目次页中被缩减得难以对应。正文 51 页标题，在目次页中有明显的别字。见图 29-14 至 29-17。

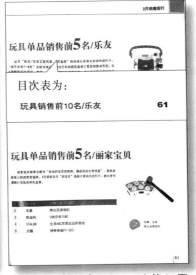

图 29-18 《玩具》（2014，4）第 60 页　　图 29-19 《玩具》（2014，4）第 61 页

正文 60 页，标题，还是栏目名？见图 29-18。正文 61 页，标题中的"5"，目次页中成了"10"。见图 29-19。

正文 63 页，标题中的"5"，目次页中成了"10"。中文标题中的"单品"，目次表中也不见了。见图 29-20。

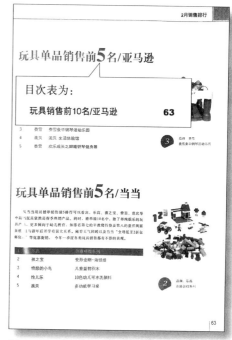

图 29-20 《玩具》（2014，4）第 63 页

以上所列，只是该期刊目次表中条目与正文不一致的部分实例，还不是全部。

就这个例子来说，恐怕单单用校对质量差已经难以解释了。是不是就没想到要一致呢？

如果说，在这儿，没想一致还是个怀疑的话，那么下面的例子就可以提供一个肯定的示例了。

29.3.2 条目添字

故意给目次表中的条目加字，这大概是期刊的特殊问题，值得注意。

《大众健康》2014 年第 01 期中，《天下资讯》栏目有 21 篇短文。目次表中，以其首篇题名"看体育比赛也有健身效果"之后加"等"字来表示，感觉并不妥当。见图 29-21。

29.3.3　条目字号

　　《城市空间设计》大十六开本，目次表集中在两面，设计独特，或许设计者找到了想要的美感。只是使用六号字，读者看起来怕要费点劲。见图 29-22。

　　GB/T 3179—2009《期刊编排格式》"8.2"节规定"期刊的正文部分，其字号不宜小于汉字 5 号字"。为读者方便，这里可否用大一点儿的字呢？

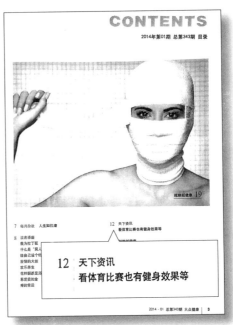

图 29-21　《大众健康》（2014 年第 01 期）目次表

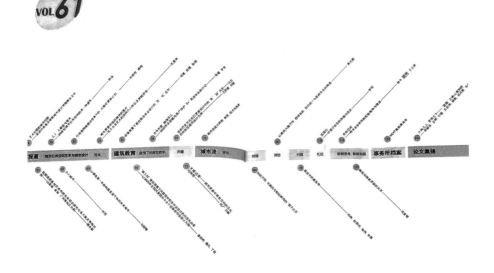

图 29-22　《城市空间设计》（2020，1）目次表

29.4　留空或细点线

《期刊目次表》6.3 节规定："在题名项和责任者项之间宜留空或以细点线连接。"

这里的"题名项"，应包括正题名和副题名，即应将正题名和副题名看作一个整体。

《城市规划》这个目次表中，多个条目的作者位置在标题的同一行，相当于插在了标题和副标题之间。见图 29-23。

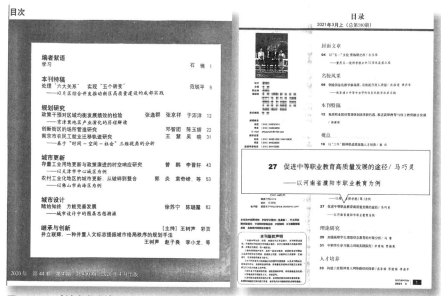

图 29-23　《城市规划》（2020，4）目次表　　图 29-24　《职业》（2021 年 3 月上）目次页

《职业》目次页中，文章署名直接接到正题后面，把副题甩开了。见图 29-24。

顺便要说一下，本刊目次页别出心裁，字特别小。

《上海教育科研》目次表中，条目标题后是细点线、作者名和页码，把副标题甩下了。见图 29-25。

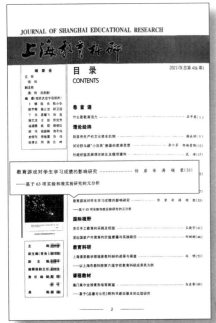

图 29-25 《上海教育科研》(2021/3)
目次页

29.5　栏目

《期刊目次表》"6.4"节规定:"期刊可设立 1 种或多种栏目。目次条目可分栏目或按文章主题分类分别汇集编排,同一栏目或同一类的文章应按其在期刊中的先后次序排列。栏目名称的字体应与目次条目中各项字体有所区别。"

29.5.1　条目分栏汇集

首先应该保证分栏汇集无误。

本期目次表《特稿》栏目有"108 老树新芽",看正文实属《越野旅行》栏目。见图 29-26、图 29-27。

图 29-26 《越玩越野》（2014 年第 5 期）目次页　　图 29-27 《越玩越野》（2014 年第 5 期）正文 108 页

　　《求是》（2018 年第 5 期）目次表中，两个条目标题之后括注的"新时代新气象新作为"，疑为二级栏目名称。如果结论是肯定的，是否应像通常栏目名称那样前置？见图 29-28。

29.5.2　栏目名称字体

　　栏目名称的字体应与目次条目区别，其实也可采用字号区别、颜色区别的方法。完全相同，岂不是给读者制造混乱？

　　《大众健康》（2014 年第 01 期）目次表中，"历史博物馆"应是"中医养生"栏目之下二级栏目的名称，字体、字号和颜色与条目标题无区别，不妥。见图 29-29。

图 29-28 《求是》（2018 年第 5 期）目次页和正文 30 页

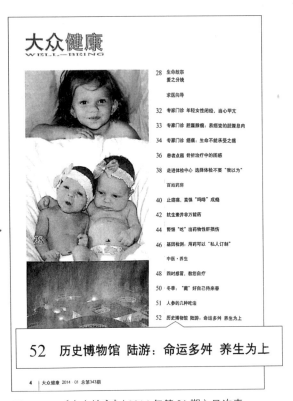

图 29-29 《大众健康》（2014 年第 01 期）目次表

图 29-30 《音乐世界》(2014 年 4 月下) 目次表与正文 44 页

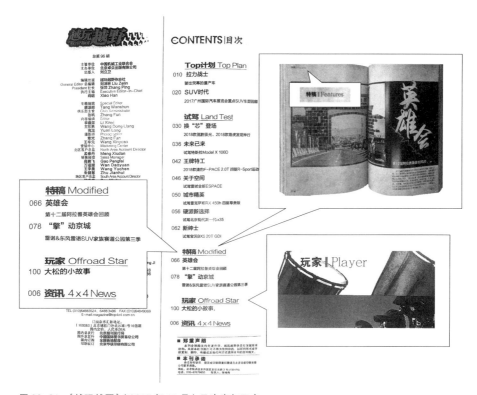

图 29-31 《越玩越野》(2017 年 11 月) 目次表与正文

29.6 外文

《期刊目次表》6.4 节规定："目次表可以用 1 种以上语言文字。"

期刊目次表外文，差错高发，需要格外注意。见图 29-30、图 29-31。

《音乐世界》本期目次表的"SNH48"与正文的"SHN48"不同。错的是正文。

《越玩越野》（总第 96 期，2017 年 11 月）目次表中，"特稿 Modified""玩家 Offroad Star"与正文中的"特稿 Features""玩家 Player"不一致，都是目次表错了。

30　总目次和索引

期刊的总目次和索引是期刊提供给读者的重要检索渠道。

GB/T 3179—2009《期刊编排格式》规定：

> 11.1 期刊可按需要在每卷（年）卷（年）终编印总目次，供全卷（或全年）合订成册时装订在卷首。
>
> 11.2 期刊可按需要在每卷（年）卷（年）终编印索引。索引可以有主题索引、著者索引和关键词索引等。

实践中，期刊通常会在每年最后一期加载当年的总目次，即把全卷（年）各期的全部文章整合为一个分栏目的目次表，各篇文章分别载明作者、期号和页码。

期刊的索引，较常见的是文献篇目索引，即以期刊文章标题为标目的索引，形态与总目次近似。

《科学》，双月刊，2020 年为第 72 卷。当年第 6 期末尾载有"《科学》第 72 卷总目录"。分列专栏和文章的标题、作者、页码、期号。有点奇怪的是，本来各期在刊首载有本期"目次"，这里却叫"总目录"。见图 30-1。

《中国科学　数学》，月刊，2021 年为第 51 卷。当年第 12 期末尾所给"总目次"实际是各期目次的集合，并未"总"起来。见图 30-2。

《自然辩证法研究》，月刊，2021 年为第 37 卷。当年第 12 期末尾所给"总目录"，分专栏列出的条目只给出了期数，无页码。见图 30-3。

《灾害学》，季刊，2021 年为第 36 卷。当年第 4 期末尾载有"2021 年

图 30-1 《科学》第 72 卷总目录

图 30-2 《中国科学 数学》（第 51 卷 2021 年）总目次

图 30-3 《自然辩证法研究》2021 年总目录

图 30-4 《灾害学》2021 年总目次

《灾害学》总目次索引”。分列当年4期的目次，原有的栏目名称却都不见了。目次与索引本来是两种形式，何来“目次索引”？见图30-4。

《中国科学院院刊》，月刊，2021年为第36卷。当年第12期末尾载有“《中国科学院院刊》第三十六卷（2021年）主题索引”。主题依序为：评论、专题、专刊、学部咨询、战略与决策研究、政策与管理研究、智库研究、智库观点、科技与社会、新青年·新思想、科技支撑“一带一路”建设、中国科学院科技促进发展奖、中国科学院野外台站、资讯与观察、增刊，等等。似乎还是依刊出顺序排列的，并非单纯依主题排序的常用属性。文章页码是全卷统排的，可以查到，但不给出期号，仍可能影响检索的便捷。见图30-5。

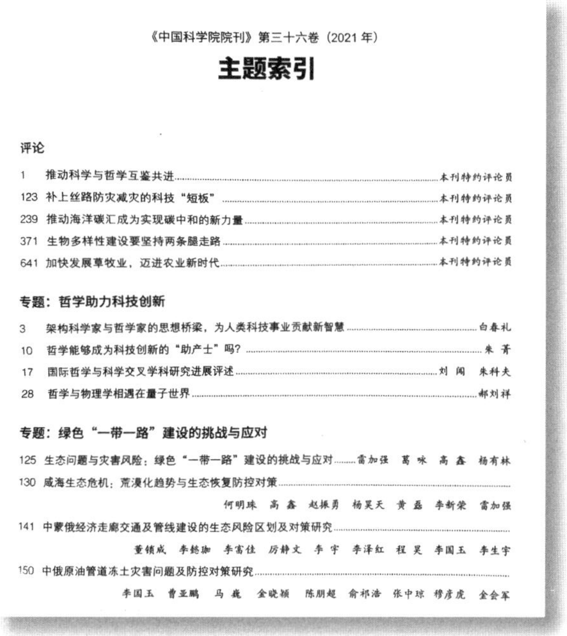
《中国科学院院刊》第三十六卷（2021年）

主题索引

评论

专题：哲学助力科技创新

专题：绿色“一带一路”建设的挑战与应对

图30-5 《中国科学院院刊》第三十六卷（2021年）主题索引

跋

这是本薄薄的小册子，酝酿的时间可并不短。

或许是源自2010年前后在参与全国出版专业技术人员职业资格考试审题工作之余，跟化学工业出版社总编辑潘正安先生等专家议论图书辅文的不规范现象。2011年夏，潘先生约我为中国出版协会编校工作委员会的培训班讲讲图书辅文。我壮着胆子应了下来。

9月初次登台，课间休息和课后，有许多学员围过来咨询和探讨问题，让我感受到编辑和校对们对这一课题的关注。培训班结束后的《学员反馈意见》简报更有许多鼓励之辞。培训班负责人，人民出版社原副总编辑张小平先生对课程内容的安排和调整给了我许多指点、帮助。就这样，一年两次的培训课做了下来，眨眼就是十年。学员们的热情一直推动着我。透过他们提出的问题、分享的经验，让我了解到出版活动的鲜活事例，也引导我不断探索、研究。课的内容从图书前辅文扩展到图书后辅文，再到期刊辅文，课件标题由最初的"图书前辅文琐谈""图书辅文探讨"，演变到"图书辅文编校规范""书刊辅文编排规范"等。这期间，也曾应邀到新闻出版总署培训中心、中央宣传部出版产品质量监督检测中心、全国科学技术名词审定委员会、中国新闻出版研究院、全国宣传干部学院、北京印刷学院和一些省市出版集团主办的编辑培训班做有关课题的交流。

2017年参与《图书编校质量差错案例》的审稿，感到有关课题很需要系统、深入地探讨。

讨论"案例"之类的东西，作为正式出版物是否合适？想来想去，感觉结论应该是肯定的：这些案例都选自正式出版物，白纸黑字摆在图书馆里，摆在人们的案头和书架上。是对是错，有否瑕疵，人人都看在眼里。摆到桌面上，进行辨析、探讨，应该是有益，甚或是必要的事情。《咬文嚼字》杂志，篇篇文章指名道姓，挑错辨析，受到读者的欢迎，就是佐证。

谈到案例，不可避免地涉及出版单位。谈案例，就事论事，没有对有关出版单位不恭敬的意思。事实上其中不少是我一向很景仰的出版社、期刊社。也正因为景仰，更希望弄清问题，修正失误，以便让以后的出版产品更加完美。

书稿的撰写得到高等教育出版社黄毅编审和商务印书馆原总编辑周洪波的热情支持和鼓励，2020年1月交稿后，在抗击新冠的日子里，责任编辑俞必睿等老师完成审读，对书稿提出重要的修改建议。张小平先生慨允为本书作序。谨此，难以尽书对他们的诚挚谢意！

交稿后，几次更新案例，对图片进行处理。水平所限，文图可能仍有舛误不当之处，敬请业界方家和读者批评指正。

作者

2022-08-29